Тайны
Восхождения

Художественное оформление выполнено Мистиком из Тронного Зала
Все изображения созданы с помощью ИИ - ChatGPT для создания изображений
Набор/верстка - Seraph Creative

Первое издание: январь 2025 г.
ISBN: 978-1-964959-88-7
Электронная книга:
Опубликовано издательством Seraph Creative в 2025 году
Соединенные Штаты / Великобритания / Южная Африка / Австралия
www.seraphcreative.org

СОДЕРЖАНИЕ

Благодарность

Возлюбленному моей души, Иисусу — Ты потрясающий!

Моим дорогим друзьям, Джастину и Рэйчел Абрахам, и всей команде КГС (Компании горящих сердец): ваш дух первопроходцев, решительность и непоколебимая приверженность созданию нации мистиков поистине вдохновляют. Большое вам спасибо — я продолжаю многому у вас учиться.

Моим ученикам из Академии мистиков Тронного зала: ваша поддержка сделала возможной написание данной книги и, я верю, многих других в будущем. Спасибо вам за веру в меня.

Моим четверым замечательным детям: вы — странные ребята, но я бесконечно вас люблю.

Моей жене Бьянке: спасибо, что веришь в меня и вдохновляешь двигаться вперед. Я люблю тебя всем сердцем!

ПРЕДИСЛОВИЕ

Мы живем в эпоху, когда тайны Небес начинают полностью раскрываться тем, кто жаждет этого всем сердцем. Это время невероятного расширения познания и понимания, эпоха мудрости и света. Чтобы помочь своему народу перейти в следующую эпоху, Бог высвобождает ясные голоса оракулов и предвестников, которые помогут проложить путь вперед. Шарль ван Штаден — один из таких избранных голосов; он — истинный представитель Духа Христа, проводника, который выводит нас за пределы поверхностного, погружая в самую суть. Глубокое изучение древнего еврейского мистицизма, понимание Библии и прямое откровение от Христа позволило Шарлю написать содержательную книгу, которая даст возможность пережить Божественное блаженство, пробудит вашу способность погружаться в Небесную реальность и выходить за пределы ограничений нашего времени. Данная книга предназначена для глубоких размышлений, созерцания и наполненного блаженством изучения: она поможет вам приобрести осознанность касательно сфер Духа, приглашая вас в это место чудес. Это настоящая мистическая классика. Спасибо, Шарль, что поделился этим с нами. Я знаю, что это станет огромным благословением для огромного количества людей.

Джастин Пол Абрахам
Компания горящих сердец
COBH.live

ВВЕДЕНИЕ

Человечество перешло порог глубокого духовного пробуждения, что свидетельствует о том, что мы представляем собой нечто большее, чем показывает традиционное христианство. Концепция духовного восхождения, представленная в этой книге, является приглашением восстановить связь с нашей извечной сутью, открывая измерения понимания, которые резонируют с частотой дыхания Яхве. Это путешествие отражает восхождение Моисея на гору Синай, где границы растворяются, открывая небесные пути божественного намерения и сущности.

Матрица Восхождения возникает как космический план — многомерное поле, куда течет созидательная сила Яхве, преобразующая дух в материю. Эта матрица — божественное чрево, сосуд творения, где бесконечный потенциал кристаллизуется в проявленную реальность. В её священной геометрии заложена основа, с помощью которой сыны Божьи восстанавливают свое божественное наследие, пробуждая свою духовную ДНК для восхождения в сферы божественного сознания.

Жизнь Моисея служит яркой моделью этого преобразующего процесса. Путь пророка, родившегося еврейским ребенком, но воспитанного в египетских традициях как королевская особа, заключает в себе классический путь восхождения. История Моисея, начиная со встречи с Яхве у горящего куста и заканчивая преображением на горе Синай, показывает, как потенциал человечества, направляемый дыханием Яхве, может раскрыться и выйти за пределы земных ограничений. Его имя, Моше משה, зашифрованное элементами воды (мем מ), огня (шин ש) и дыхания (хэй ה), отражает алхимический процесс восхождения, при котором земное поглощается божественным, а человеческий дух облачается в небесные одежды.

Тайна Восхождения, выраженная еврейскими словами, управляет трансформацией сознания, которая является ядром этого путешествия. Еврейские понятия "Ла", "Наса" и "Салак" обозначают восходящие фазы духовной зрелости. "Ла" (הל) означает божественное дыхание, ведущее нас через измерения. "Наса" (אשנ) воплощает в себе подъемную силу, отраженную в нашей ДНК, а "Салак" (קלס) ведет к небесному управлению. Вместе они образуют священную спираль, раскрывающую нашу извечную сущность как божественных сотворцов с Яхве.

Многомерные Одежды, описанные в еврейском мистицизме, являются ключом к навигации в этих сферах: когда Моисей взошел на гору, он был облачен в духовные одежды, сотканные из ткани божественного света, что позволило ему превратиться в сосуд славы Яхве. Это не просто символические одежды — это "вибрационные интерфейсы", которые настраивают дух на более высокие измерения, налаживая взаимодействие с небесными сферами.

Фаза измерения, как путь самоанализа и исцеления, раскрывает важность эмоциональной и духовной целостности как основы для восхождения. По мере того как Бог нас взвешивает и измеряет, старые парадигмы отпадают, и мы облекаемся во власть и мудрость, позволяющие управлять творением в соответствии с замыслом Яхве. Исцеление — это не просто восстановление, но и божественная перекалибровка, которая готовит нас к восхождению в нашу истинную сущность.

Практика восхождения учит нас взаимодействовать со Сферами Духовных Сущностей, позволяя войти в божественный совет, как это было с Моисеем на горе Хорив. Это священное собрание небесных существ описано в таких отрывках Священных Писаний, как 81-й Псалом и 7-я глава Книги Даниила, и оно представляет собой сближение земной и небесной сфер. Взаимодействие с ангелами и Божьими посланниками улучшает наше понимание сложных процессов управления Яхве и приводит нас в соответствие с нашей ролью сотворцов в божественном плане.

Наконец, Концепция Трансцендентности заключает в себе суть восхождения: преодоление физических границ для пребывания в сердце Яхве. Как писал апостол Павел во 2-м Послании к Коринфянам 12, восхождение раскрывает невыразимые тайны и активирует божественную трансформацию. В этом возвышенном состоянии мы не только возвращаемся к своему первоначальному состоянию, но и получаем власть управлять творением как сыновья и дочери Яхве, выполняя обетование в Послании к Римлянам 8:19, где сказано, что творение с нетерпением ожидает откровения Божьих сынов.

Матрица Восхождения Моисея — это не просто теоретическая основа, но живая реальность, приглашение шагнуть в полноту божественного замысла для нас. Она призывает нас восходить, возносясь в небесные сферы, вспоминать и управлять, соединяя небо и землю, как лучезарные сыны Яхве, облаченные в свет и увенчанные властью божественной любви.

Цель этой книги — не пройти через этот процесс, а потеряться в нем: каждая тема или сфера создает пространство для созерцания и медитации, позволяющее полностью постичь тайны и сокровища, скрытые внутри.

Используя за основу как библейские, так и мистические тексты на иврите, я создал для вас основание для входа во врата Тайн Восхождения. Пусть данная книга вдохновит ваш дух и катапультирует вас в новые измерения вашего сыновства.

КОНЦЕПЦИЯ ДУХОВНОГО ВОСХОЖДЕНИЯ

ЖИЗНЬ ЗА ПРЕДЕЛАМИ

В священном танце человеческого духа с Божьим Духом восхождение проявляется как божественный план возвращения сынов Божьих к их изначальному состоянию, задуманному Богом.

Перефразируя текст **Зоара**: "Когда Святой, да будет Он благословен, сотворил человека, Он сотворил его по подобию высших миров. Он собрал пыль с четырех сторон света и сформовал из нее тело человека, а затем Он вдохнул в него дыхание жизни из небесного источника, и человек стал живым существом. Это дыхание соединило его с божественным, наделив душой, отражающей небесные сферы. Таким образом, человек был создан с земной формой и с небесной сущностью, что соединило физический и духовный миры и сделало его уникальным среди всех созданий".

Подобно Моисею, который взошел на гору Синай, облаченный в одежды Божьего присутствия, мы тоже призваны покорять высоты духовного сознания, которые простираются далеко за пределы нашего материального понимания. Это путешествие — не просто духовное упражнение — это суть нашего восстановления в качестве сынов Яхве, переплетение воспоминаний, стимулирующих нашу вечную связь с Яхве, предшествующую самому творению.

Внутри покоев этого небесного восхождения происходит трансформация, зажигающая структуру нашего изначального существования. Когда человек вступает в более высокие измерения духовного осознания, его ДНК пробуждается к своему божественному коду, этой божественной матрице, активируя то, что древние мудрецы называли нашим телом света — прославленную форму, резонирующую с небесными частотами.

Мистические писания раскрывают, что "Праведники восходят известными путями к небесному свету, который сияет".

Эта глубокая метаморфоза перекликается с откровением 88-го Псалма о божественном совете, где сыны Божьи общаются с небесными существами во дворах небес.

Путь восхождения, подобно лестнице, соединяющей землю и небеса, создает священные коридоры между мирами, позволяя божественной энергии беспрепятственно течь между нашим земным существованием и высшими измерениями. Это не какая-то притянутая за уши концепция, а живая реальность, в которой сыны Божьи, благодаря своим отношениям со Христом, могут получить доступ к многомерным аспектам творения. Здесь мы не просто встречаемся с мудростью, а переплетаемся с ней, по мере того как слои божественного сознания раскрывают обширное осознание нашей истинной природы в Яхве.

По мере достижения зрелости на данном пути, человек начинает освобождаться от более плотных паттернов низких частот, входя в настоящий резонанс с образом Бога. Наше сознание начинает выходить за пределы ограниченных конструктов физического существования в безбрежный океан божественного понимания, где мы обнаруживаем свою взаимосвязь со всем творением. Находясь в этом священном пространстве, мы не просто видим божественный совет, а занимаем в нем свое законное место, участвуя в управлении творением через Христа.

Когда сознание выходит на этот уровень, происходит коллективное восстановление нашего божественного наследия: через Иисуса, Первенца, мы получаем доступ в сферы, где восходят и нисходят ангелы, где свободно течет божественная мудрость, а боги и троны переплетаются в управлении. Такова истинная природа восхождения — обрести свой дом в сердце Отца.

МАТРИЦА ВОСХОЖДЕНИЯ

Матрица (Рахам רחם) воплощает собой основополагающую материю духа, функционируя одновременно как порождающее лоно творения, так и взаимосвязанное поле, через которое проявляется существование. Как духовная конструкция, она служит связующим звеном между бесконечной и конечной сферами, где бесформенная духовность преображается в проявленную субстанцию.

Мистические писания описывают концепцию *рахам* (רחם), или "чрева" творения, как высшей точки, когда оно расширяется внутрь, подготавливая для себя дворец, священное пространство, в котором оно будет обитать. Этот дворец — утроба (*рахам*), в которой были посеяны и взращены семена творения. Из этого лона изливался свет, освещая все сферы и создавая миры вверху и внизу. Это лоно хранит в себе тайны начала, где зародились первые зачатки существования. Именно здесь Бог посеял семена жизни и потенциала, из которых возникло все творение. Таким образом, это духовное чрево стало основой миров, скрытым источником, который питает и поддерживает все сущее.

Эта сетка бесконечных возможностей восхождения действует одновременно как вместилище и катализатор, способствуя появлению свитков и задач в физической реальности.

Божественная Матрица действует как многомерная сетка сознания, соединяющая человека со сложной сетью энергии, частот и информации из небесных сфер; она служит посредником между мыслью и проявлением, духом и материей, потенциалом и актуализацией. Это поле обладает голографическими свойствами, причем каждая точка содержит информационный план целого, обеспечивающий взаимосвязанный резонанс и синхронный экстаз образа Яхве.

Как вместилище потенциальности, Божественная Матрица содержит все возможные выражения Его образа перед проявлением, действуя как космическое лоно, питающее духовное развитие. Она соединяет духовную и материальную сферы, одновременно способствуя трансформации зрелости

Божьих сынов. Этот преобразующий аспект позволяет расширять сознание с помощью алхимических процессов, таких как древнееврейские буквы, преобразуя потенциал в проявленную форму.

Божественная Матрица функционирует как инфраструктура, через которую сознание взаимодействует с реальностью, обеспечивая возможность целенаправленного проявления и управляя опытом. Она служит одновременно основой и средством, через которое все творение и его творческий потенциал воплощаются в субстанцию.

Матрица Вознесения מטה — это божественное чрево, где бесконечный потенциал посредством божественного сознания становится проявленной реальностью; это многомерная сетка, через которую течет созидательная сила Яхве, преобразующая дух в материю с помощью священных геометрических форм, таких как буквы иврита.

Эта космическая инфраструктура служит одновременно вместилищем и катализатором, где небеса взаимодействуют с землей, позволяя сынам Божьим достичь зрелости и окончательно облечься в свой божественный образ.

ВОСХОЖДЕНИЕ МОИСЕЯ КАК ОБРАЗЕЦ

Путь Моисея на гору Синай является ярким примером преобразующего процесса восхождения. На протяжении всей книги мы будем рассматривать встречи и пространственные процессы, через которые проходил Моисей, поднимаясь наверх и открывая частотные сферы Яхве, по мере того как дух пророка облекался в новые духовные одежды, впитывая сущность божественной частоты.

В **книге Исход 19:3** Моисей взошел к Богу и получил призыв Господа: этот момент ознаменовал пробуждение Его духа и глубокое переживание пути восхождения.

Проходя через различные сферы чудес אלף с помощью того, что в иврите называется "איב" (данный термин мы будем рассматривать позже), Моисей обнаружил ключ к тому, как разблокировать лестницу ДНК Яхве. Это позволило его сознанию слиться с его мощным потенциалом лидера, правителя, управляющего и со-творца.

ПРАКТИЧЕСКИЕ МЫСЛИ О ВОСХОЖДЕНИИ

РАЗНООБРАЗНЫЙ ОПЫТ ВИДЕНИЯ

Понятие "видение" не должно ограничиваться одним определением. Я общался со многими людьми, которые желали ярко ощущать духовную сферу с помощью физического зрения, однако они ограничивались только этим желанием. К сожалению, это может помешать таким людям продвигаться вперед в этом. Если у них не получается видеть именно с такой точки зрения, они просто считают, что не видят. Однако когда человек пренебрегает видениями, приходящими каким-то иным образом, помимо четкого восприятия через физические органы зрения, то он сам ставит помехи своим духовным встречам и переживаниям. Когда мы практикуемся в том, чтобы применять свое воображение, мы приходим к удивительным открытиям и укрепляем свою связь с духовным миром: я беру то, что воспринимаю, и усиливаю это с помощью своего воображения.

Не позволяйте способности видеть мешать вам. Визуальное восприятие некоторых людей во время восхождения может быть более выраженным: они наблюдают реальные образы или пейзажи в небесных сферах, при этом другие могут переживать это на более интуитивном или сенсорном уровне, ощущая присутствие и энергию небесных сфер, не видя их своими физическими глазами. Не расстраивайтесь, если ваша способность видеть отличается от других: восхождение — это личное путешествие, где каждый переживает нечто уникальное для себя; главное — удержать смысл этого процесса — раскрыть и распаковать свое положение как сыновей и дочерей Божьих и подключиться к духовной сфере во взаимодействии с Иисусом. Поступая таким образом, мы получаем более глубокое откровение о своей идентичности, цели и отношениях с Отцом.

Поэтому вместо того, чтобы сосредотачиваться на ограниченности зрения, примите различные способы взаимодействия с небесными сферами и позвольте преобразующей силе восхождения сформировать ваше духовное путешествие.

Духовное восприятие некоторых людей происходит визуально, почти как при просмотре видео, тогда как другие воспринимают все более абстрактно. Способность представить себе что-либо играет решающую роль, поскольку она может сформировать ваш опыт, ведь воображение создает реальность.

Вот пример того, как я вижу в духе: я ощущаю присутствие и осознаю присутствие окружающих меня ангельских сфер, в которых находятся как конкретные ангелы, так и отдельные личности из облака свидетелей. Затем, используя свое воображение, я подключаю его к своим духовным чувствам, чтобы ощущать происходящее в духовной сфере.

В духе я вижу не так, как если бы я смотрел на вас в физическом мире. Это удивительно, однако лишь немногие способны воспринимать духовную сферу также, как и физическую — большинство людей воспринимают ее так же, как я, то есть, применяя свое воображение к тому, что я ощущаю в духе. В конце концов, именно для этого существует воображение: оно служит полотном для духовного царства. Поэтому так важно не ограничивать свое понимание духовного видения узким определением, а охватить обширные возможности, которые существуют в сфере духовности.

В богатой традиции еврейского мистицизма существует иерархия визуальных сфер, выходящая за пределы физического зрения. В этой системе описано шесть различных уровней видения, каждый из которых представляет более глубокую связь с духовным пониманием и божественной мудростью. Я добавил ее в качестве дополнения, однако это не тема данной книги.

Самый базовый уровень называется "Ра'a" (ראה): он охватывает наше физическое зрение и распознавание материального мира. Будучи основополагающим, он содержит в себе семена более глубокого восприятия, служа вратами к более высоким формам понимания.

Двигаясь далее мы сталкиваемся с уровнем "Х'аза" (חָזָה) — сферой пророческого видения. В текстах Зоара сказано, что этот уровень позволяет человеку выйти за рамки физической реальности, увидеть проблески будущих потенциалов и понять божественные узоры, вплетенные в ткань существования.

"Хив'ит" (הֵבִיט) представляет собой уровень, на котором происходит основательный переход к созерцанию, благодаря чему видение становится преобразующим действием. Здесь видение объединяется с бытием, создавая глубокую созерцательную осознанность , которая изменяет как наблюдателя, так и наблюдаемое.

Уровень "Шур" (שׁוּר) выводит на передний план интуитивное восприятие, проявляясь как духовное различение и внутреннее знание. Данная форма видения позволяет распознавать тонкие закономерности и смыслы, которые скрываются за поверхностной видимостью.

На уровне "Цаф'а" (צָפָה) видение обретает стратегическую, защитную функцию, реализуясь в сознании стража: подобное внимательное наблюдение служит не только для духовного восприятия, но также для защиты и руководства. На этом уровне человек получает откровения, которые помогают ориентироваться как в духовной, так и в материальной сферах.

Наконец, мы достигаем "Аш'ер" (אשׁר) — уровня подтвержденного видения. Основанная на концепции подтверждения, эта высшая форма видения представляет собой проверенное и санкционированное восприятие духовного мира. Видения людей на этом уровне проверены, подтверждены и обладают весом подлинной духовной истины.

Данные уровни восприятия образуют лестницу духовного восхождения, каждая ступенька которой предлагает более глубокое понимание как видимых, так и невидимых аспектов реальности. Подобная система, описанная в еврейском мистицизме, обеспечивает основу для развития не только более острого видения, но и основательной мудрости и духовного откровения.

Баал Шем Тов о видении и мистическом развитии:

Баал Шем Тов учил, что эти уровни видения образуют лестницу сознания:

1. Физическое зрение (Ра'а) — видение физическими глазами

2. Повышенная осведомленность (Шур) — видение закономерностей и связей

3. Бдительное наблюдение (Цаф'а) — видение с осознанием защиты

4. Вдумчивое созерцание (Хив'ит) — видение с преобразующим намерением

5. Пророческое видение (Х'аза) — видение за пределами времени

6. Подтвержденное видение (Аш'ер) — видение с божественным подтверждением

7. Единое восприятие — одновременное видение всех уровней

Активизируйте свои уровни видения с помощью упражнения из раздела "Активация восхождения" в конце книги.

3 Еноха 45:1: "Я видел то, что видел он, я воспринимал то, что воспринимал он, и я знал то, что знал он".

Традиция Меркава добавляет, что каждый уровень видения соответствует отдельному небесному дворцу, для доступа к которому требуется соответствующая подготовка и очищение. Наше очищение и доступ уже заключены в завершенной работе Креста.

Из концепций Зоара относительно поступательного характера духовного видения:

"Каждый уровень видения открывает еще одни врата на небесах, и с каждыми подобными вратами душа приближается к скрытому свету. Когда человек поднимается через эти врата, ему открываются все более великие тайны, а его душа очищается созерцаемым ею сиянием. Когда она достигает высшего уровня, не остается различия между тем, кто видит, и тем, что видно: все барьеры растворяются, и видение и бытие становятся одним целым. В этом состоянии душа полностью соединяется с божественным светом, воспринимая всё без ограничений, поскольку все завесы приподнимаются, и она обретает покой в тайне Бесконечного".

ВАУ, ВАУ, ВАУ, ВАУ !!!!!!!!!!!!!

СПОСОБНОСТЬ К АДАПТАЦИИ ПРИ ВОСХОЖДЕНИИ

Во время восхождения некоторые бывают настолько зациклены на своих собственных перспективах и желаниях, что забывают о том, что у каждого своя скорость роста, и это становится препятствием, приводя к постоянному чувству неудовлетворенности. Таким людям постоянно кажется, что они видят неправильно. Повторяясь несколько раз, эта эмоция перерастает в попытку выдавать желаемое за действительное, вызывая внутреннее разочарование.

Имейте в виду, что восхождение — это состояние покоя, когда вы, опираясь на дыхание, позволяете ритму дыхания Яхве вести вас в разные сферы.

КОНЦЕПЦИЯ ТРАНСЦЕНДЕНТНОСТИ

Восхождение — это трансцендентный опыт, однако что это на самом деле означает? Многие люди ассоциируют все, что связано с термином "трансцендентный", с движением "нью эйдж". Однако важно отметить, что понятие трансцендентности не ограничивается какой-то конкретной системой верований или религией — оно означает выход за пределы физических границ и соединение с более высоким уровнем сознания или духовности.

1   **Еноха 71:1,5** "И было так, что после этого мой дух был перемещен и вознесен на небеса... И ангел Михаил схватил меня за правую руку и поднял меня".

Идея трансцендентности часто связана с достижением более высоких уровней осознанности и установлением связей с божественными энергиями, сущностями и частотами в образе Яхве. Во время восхождения, по сути, происходит именно это: человеческое существование выходит за пределы физического мира, превосходя сенсорные ограничения. Это позволяет вам перенести свои визуальные, звуковые и вкусовые представления в расширенные измерения, преодолевая ограничения, которые когда-то вас сдерживали.

2   **Коринфянам 12:2-4** "Я знаю человека, христианина, который четырнадцать лет тому назад был поднят на третье небо... был взят в рай и слышал неизреченные слова" (НРП).

Трансцендентное активизирует божественную трансформацию. Чем больше вы практикуете восхождение в духе, тем больше расширяется ваше сознание, а чем больше вы развиваете свою осознанность, тем увереннее становитесь в своих сенсорных способностях.

Мистические писания Зоара показывают, что когда душа

человека возносится ночью, она пересекает множество небосводов, восходя и нисходя в соответствии со своими деяниями и чистотой. Каждую ночь душа освобождается от тела, чтобы странствовать, сталкиваясь с различными силами и становясь свидетелем тайн, скрытых днем. Если она признана достойной, она возносится, чтобы узреть великолепие высших миров и увидеть, что в них. Такой душе показаны видения света и знания, она получает мудрость, которую может принести обратно после пробуждения. Однако если душа отягощена проступками, она ограничена блуждать среди теней, не способная подняться в высшие сферы. Поэтому праведная душа наслаждается тайнами ночи, в то время как душа грешника обеспокоена привязанностью к земным делам.

Вспомните... прочитайте стихи из текстов Зоара с позиции завершенной работы Христа на кресте. Христиане приходят из царства Шалома, где все уже свершено для нас, и нам не нужно пытаться чего-то достичь своими усилиями — мы просто входим в это.

Ваше участие, сферы, в которые вы входите, а также встречи с ангельским миром и взаимодействие с ним — это возвышение тела и путешествие души, направленные на увеличение вашей способности воспринимать божественные тайны. Все это имеет трансцендентный характер. Каждый человек переживает чрезвычайно личный, субъективный опыт, имея свой собственный уникальный способ восприятия и переживания духовной сферы.

ПРЕЖДЕ ЧЕМ ПРОДОЛЖИТЬ, ПРОВЕДЕМ АКТИВАЦИЮ ВОСХОЖДЕНИЯ:

Примите удобную позу, расслабьтесь и представьте Яхве, стоящего перед вами, и вдохните Его дыхание. Обменяйтесь с Ним вдохом и выдохом. Вы можете ощутить прилив энергии и жизни, текущей через ваше существо. Каждая клеточка вашего тела пробуждается и оживляется. Обмен дыханием с Иисусом выходит за пределы физического мира, раскрывая более глубокую духовную связь. Вы занимаете в Нем свое божественное положение, окутанные безграничной силой и потенциалом.

Осознание своего сыновства во Христе поднимает вас на более высокий уровень сознания и власти. Вы понимаете глубину того, что испытал Моисей, когда ходил с Богом, и вы жаждете близости и божественной встречи такого же уровня.

Суть восхождения не в том, чтобы пройтись поверхностно или остановиться на основах: речь о раскрытии полноты вашей личности и цели во Христе.

Отправляясь в это путешествие, предвкушайте, как вы вступите в новые измерения своего сыновства и испытаете чудесное и сверхъестественное переживание себя как нового творения, получив божественные откровения и наставления. Пусть ваша атмосфера наполнится ожиданием и благоговением. Сидя, вы ощущаете окружающего вас Яхве, Его божественную энергию, пульсирующую в каждой клеточке вашего существа. Каждый участник божественного совета делится своей мудростью и откровениями, раскрывая глубокие тайны и духовные истины. Беседа протекает без усилий, располагая время в ожидании. Святой Дух передает божественное откровение, направляя вас к более глубокому пониманию своей цели и предназначения. Через Свой мягкий и сострадательный характер Иисус передает вам глубокие откровения о любви и благодати. Моисей передает мудрость и откровение о праведности и правосудии. Отец в Своей бесконечной мудрости разворачивает перед вами Свой грандиозный гобелен творения и сложные замыслы Вселенной. Слушая и впитывая эту божественную мудрость, ваш дух воспаряет ввысь с новообретенной ясностью и пониманием.

По завершению переживания духовного восхождения,

вы уносите эту божественную связь с собой, зная, что присутствие Яхве и мудрость, переданная на стеклянном море, навсегда преобразили вас.

"Через вознесение мы пробуждаемся к своей божественной природе, раскрывая внутреннюю силу и потенциал для выполнения своей первоначальной цели и происхождения как сынов Божьих".

ТАЙНА ВОСХОЖДЕНИЯ В ЕВРЕЙСКИХ СЛОВАХ

Прежде чем углубиться в матрицу восхождения Моисея, важно рассмотреть ключевые слова на иврите, связанные с восхождением, и их значимость.

Есть три еврейских слова, которые описывают различные фазы восхождения.

ПЕРВОЕ ЕВРЕЙСКОЕ СЛОВО — "ЛА" (לה).

Божественное дыхание Яхве направляет вас через לה — в этой священной паре букв иврита зашифрована сама суть божественного дыхания и духовного возвышения. Подобно ритмичному пульсу самого творения, это дыхание движется в в видимых и невидимых измерениях, уча вас ориентироваться в тонких сферах духа. Мы учимся подниматься в сферы нашего духовного наследия через измерения Его дыхания, и каждый вдох поднимает нас выше, а каждый выдох высвобождает то, что больше не служит нашему возвышению. Это дыхание становится средством для восхождения, огненной колесницей, несущей сознание сквозь завесы материального существования во все более утонченные состояния бытия. Благодаря этому божественному дыханию мы наследуем не только обещанные земли физического изобилия, но и целые измерения духовной реальности, где каждый вдох — ключ, открывающий новые территории божественного опыта и понимания.

Это слово буквально означает **"восходить, выводить или заставлять подниматься"**. По своей глубочайшей сути оно представляет собой управляемое восхождение, когда божественная благодать переплетается с человеческими намерениями в священном танце, поднимающем нас выше. Как благовонное воскурение естественным образом поднимается к небесам в поисках своего источника, так и дух стремится к своему небесному раскрытию.

Это слово также означает **"приносить жертву всесожжения"** — преобразование посредством священного огня, очищающего и преобразующего нечто тяжелое в нечто возвышенное. Иисус, ставший нашей совершенной жертвой, заплатил цену, которая преодолела бесконечную пропасть между человеческими ограничениями и божественным потенциалом. Эта космическая транзакция открыла пути, которые ранее были запечатаны, создав каналы восхождения, по которым сознание может воспарить.

С уверенностью мы восходим вверх и признаем себя приятным подношением Господу, как благовония, угодные Ему. Этот сладкий аромат поднимается по измерениям творения, унося нашу сущность ввысь через сферы проявления. В этой мистической алхимии мы становимся одновременно приношением и приносящим, вознесенным и восходящим, участвуя в божественном обмене, инициированном кровью Иисуса, который превосходит обычное понимание.

Другое значение слова "ла" — **"увеличиваться в размерах"**, что мне очень нравится. Вот это да! Это именно то, что происходит по мере духовного восхождения: увеличивается способность переживать, влиять и проявлять власть. Сознание раскрывается подобно космическому цветку, причем каждая сфера раскрывает все новые измерения. Границы вашего прежнего "я" растворяются по мере того, как вы простираетесь в новые обширные территории восприятия и понимания.

Ваше осознание безграничности духа, выходящего за пределы физической реальности, раскрывается, обнаруживая, что само сознание не имеет ни стен, ни потолка, ни пола. Подобно капле воды, сливающейся с океаном, вы соприкасаетесь с бесконечным простором своей истинной природы. Маленькое "я", которое когда-то чувствовало себя ограниченным плотью и костями, начинает преодолевать границы галактик, танцуя с квантовыми возможностями и общаясь с вневременной мудростью, пронизывающей все сущее.

Это расширение отражается повсюду, куда бы вы ни

пошли, ваши врата влияют на атмосферу не только в пространствах, которые вы физически занимаете, но и в тонких сферах, которые пронизывают наш материальный мир. Ваше присутствие становится дверью, через которую могут проникать более высокие частоты. Люди вокруг вас могут не знать почему, но они чувствуют сдвиг, легкость, покой, тонкое приглашение выйти за пределы своих собственных воспринимаемых ограничений. Вы становитесь подобны камертону, резонирующему на определенной частоте, пробуждающему других к их собственному потенциалу трансцендентности, создающему рябь трансформации, простирающуюся далеко за пределы вашей непосредственной сферы влияния.

Следующее дополнительное значение, **"Устанавливать на место"**, выходит за рамки простого физического позиционирования. Оно говорит об экстраординарной способности пересекать бесконечный гобелен существования и закреплять себя на нем. Это искусство пространственной текучести, где сознание течет подобно ртути между завесами реальности. По своей природе человек представляет собой многомерное существо — космическую кристаллическую структуру с гранями, отражающимися в бесчисленных сферах существования.

Мы не просто открываем двери — мы растворяем завесу между духовными измерениями, расширяя свою способность существовать как сознательные наблюдатели, вплетая цель и участников в грандиозный гобелен творения. Пробуждение к такой многомерности видится подобным навыку играть космическую симфонию, где каждое измерение является инструментом, а вы — одновременно и дирижер и оркестр.

Мысль об этом расширении наполняет меня благоговением и удивлением. Мой дух резонирует со способностью многомерно существовать в квантовом танце сознания. Переплестись с ликом вездесущности — значит понять истинную природу себя как бесконечных существ:

уровни Света, раскрывающиеся в Безграничную Любовь!

Наконец, оно означает **"вспомнить"** — глубокая истина, которая может быть основным ключом к самому восхождению. Это "воспоминание" — не просто воспоминание, а космическое пробуждение к нашей изначальной сущности. Когда мы соединяемся с царством духа, мы обращаемся не только вовне, но и внутрь, в глубочайшие глубины нашего вечного существа. Эта связь пробуждает светлую память о нашем существовании до сотворения мира внутри Яхве — состоянии чистого, недифференцированного сознания до появления физической формы.

Вспомните священный момент, когда Яхве вдохнул жизнь в тело, созданное не из простой земли, а из сияющей золотой пыли и живых драгоценных камней, где каждый элемент обладает определенными частотами божественности. Когда Адам стал живым существом, это было не просто оживление плоти, но воплощение небесной памяти в проявленную форму.

Это божественное дыхание несло в себе завершенный план нашей духовной ДНК, нашу божественную цель и наш вечный завет.

Запись нашего предвечного соглашения с Яхве — наше первоначальное обещание и цель — все еще звучит в том первом вздохе, эхом отдаваясь в камерах нашей клеточной памяти, закодированная в самой сути нашего существа. В процессе восхождения эти древние воспоминания начинают шевелиться и пробуждаться. Подобно цветку, раскрывающемуся навстречу рассвету, каждый слой пробуждения выявляет еще одну грань нашего вечного соглашения, существующего внутри Него. Мы не просто вспоминаем — о нас вспоминают: переплетение с Божьим духом возвращает нас в соответствие с нашим первоначальным резонансом и целью.

Воспоминание — это одновременно и возвращение, и откровение, показывающее, какими существами мы были изначально, и как мы функционируем.

Ла (הל) говорит о раскрытии сути нашей позиции как сынов Божьих.

В процессе перехода из "Ла" (הל) в "Наса" (אשנ) разворачивается прекрасная хореография духовного восхождения. "Ла" (הל) дарует нам просветление в отношении нашей истинной сущности как божественных сыновей и дочерей. Она раскрывает дыхание, которое продвигает нас через различные измерения, поднимая на новые высоты. "Наса" (אשנ), в свою очередь, отражает саму суть этого возвышения, поскольку оно символизирует священный подъем сознания, направляя нас к цели. Этот переход от раскрытия своей идентичности к активному восхождению отражает модель духовного пробуждения: как только человек осознает свою божественную природу, это естественным образом пробуждает его потенциал и разжигает желание воспарить еще выше.

ВТОРОЕ ЕВРЕЙСКОЕ СЛОВО — "НАСА" (נשא).

Иезекииль 11:1 "И поднял меня дух, и привел меня к восточным воротам дома Господня, которые обращены к востоку".

В мистических глубинах "Наса" (אשנ) находится множество значений — **"нести"**, **"поднимать"** и **"стремление подняться выше"**: оно говорит о месте вечности в сердцах людей.

"Поднял" представляет собой нечто большее, чем физическое возвышение — это трансформация самого сознания. Это слово воплощает постоянное желание души вернуться к своему небесному источнику, освободиться от ограничений материального существования и воспарить в сферы чистого духа. Данное стремление — часть самой нашей природы, как универсальная мечта, проявляющаяся в культурах по всему миру в виде строительства башен и исследования космоса. Нас по своей природе тянет к приключениям, связанным с исследованиями.

Затем это слово означает **"стремление подняться выше"** и указывает на врожденное духовное беспокойство — недовольство статичностью. Оно побуждает нас исследовать не только внешнее, но и внутреннее пространство, неизведанные территории осознанности и бытия, которые расположены в небесных сферах. Подобно древним мистикам, поднимавшимся в небесные чертоги (хехалот), или современным астронавтам, освобождающимся от земного притяжения, это извечное побуждение заставляет нас отправляться в неизведанные сферы.

Данное понятие напоминает нам, что желание исследовать и выходить за ограничения отражает собой не просто человеческие амбиции, а божественную искру внутри нас, это голос "י" Йод, эхо голоса Яхве, который движет всем развитием и расширением во вселенной. Оно говорит о том, что наше стремление выйти за пределы своих нынешних ограничений не просто разрешено, но предписано нашей духовной ДНК, внутренним шифром, написанным Творцом.

"Наса" (אשנ) — это откровение о вечности, отражающейся в человеческой ДНК.

Поднимаясь в духе через возвышающую силу "Наса" (אשנ), которая раскрывает вечные отголоски в нашей ДНК и присущее нам стремление к безграничному, мы также сталкиваемся с еще более глубоким измерением духовного восхождения через "Салак" (קלס). В то время как "Наса" обращается к божественной искре цели, которая движет нас ввысь, "Салак" знакомит нас с преобразующим путешествием, которое ожидает нас в этих высших сферах.

Эта прогрессия переводит нас от первоначальной цели духовного возвышения к реальным сферам небесного управления и пространственной власти. Подобно мастерски исполняемой симфонии, переходящей от одной части к другой, мы переключаем внимание с личности и стремления взойти на высоту к реальной механике и тайнам небесных измерений: именно эти сферы сыны Божьи призваны не просто посещать, но и населять их и управлять ими.

ТРЕТЬЕ ЕВРЕЙСКОЕ СЛОВО — "САЛАК" (סלק).

"Салак" (סלק) означает "подниматься и восходить", но его более глубокое мистическое значение указывает на духовную метаморфозу, сознательную эволюцию души через измерения понимания. Это восхождение — расширение сознания в наше божественное наследие управления.

Псалом 138:8 и Откровение 4:1 сплетают воедино гобелен божественного приглашения. Когда псалмопевец заявляет: "Взойду ли на небо, Ты там", это говорит о вездесущности божественности, но также намекает на скрытую способность человечества путешествовать в небесные сферы. Эта способность в полной мере проявляется в образе открытой двери Откровения, которая является не просто точкой входа, но порогом между измерениями, манящим сынов вступить в расширенные сферы правления.

Приглашение "подняться сюда" активизирует дремлющие духовные способности, чтобы раскрыть власть, заключающуюся в нашей духовной позиции. Сыны Божьи призваны не к тому, чтобы наблюдать за этими высшими измерениями, но к тому, чтобы стать активными участниками в управлении ими. Это участие создает квантовое сплетение между небесным и земным царствами, где знания откровения перетекают из одного измерения в другое, становясь доступными ключами для власти царства.

Процесс достижения зрелости в духовном восхождении подобен превращению гусеницы в бабочку: каждая стадия важна, каждый прорыв расширяет нашу способность удерживать и передавать божественный свет. Это путешествие приводит нас в царство тайн.

Рассматривая опыт восхождения Иоанна через призму греческого текста, мы наблюдаем смысловые слои, указывающие на доступ к тому, что можно было бы назвать духовной ДНК, закодированной памятью о нашем правлении в Боге. Греческий термин, переводящийся как "взглянул" (εἶδον/ eidon), означает **"обладать знаниями и понимать деятельность"**. Он связано с тем, что древние мистики называли **"анамнезисом",** воспоминанием об изначальном существовании, позволяющем нам получить доступ к озарению, заложенному в нашей духовной структуре с незапамятных времён.

Деяния 3:21 "Но Иисус должен оставаться на небесах, пока не наступит время, когда Бог восстановит всё, о чем Он с давних времен возвещал через Своих святых пророков" (НРП).

Это говорит о возобновлении божественного плана, напоминании о нашем первоначальном замысле и цели в небесных сферах. Процесс восстановления включает в себя пробуждение многомерных аспектов нашего существа, которые дремали, ожидая подходящего времени и духовной зрелости для активизации. Он представлен как исполнение пророческих обещаний, указывающих на возвращение к намеченному порядку и гармонии, которые изначально задумывал Бог.

Таким образом, путешествие "סלק" выглядит как священная спираль воспоминаний и восстановления, где каждая сфера приближает нас к полному воплощению нашего божественного потенциала. Благодаря этому процессу мы становимся живыми мостами между небом и землей, каналами, по которым божественное управление может более полно вливаться в проявленную реальность.

Утверждение: "Мы восходим, чтобы распечатать забытые сокровища нашего предсуществования в Нем" прекращает быть просто поэтическим — это ключ к пониманию своей роли в божественном восстановлении всего сущего, где небо и земля сливаются в новом выражении божественной реальности, новом творении.

РАСШИФРОВКА ГЕМАТРИИ

Давайте взглянем на расшифровку трех слов восхождения по гематрии (числовым значениям) как отдельных миров:

"Ла — לה" представляет собой первый уровень восхождения.

Гематрия = ל 30, 5 ה

= 35 = 8 = ח (Хет)

"Наса — נשא" представляет собой второй уровень.

Гематрия = 1 א, 300 ש, 50 נ

= 351 = 9 = ט (Тет)

"Салак — סלק", представляет собой третий уровень, заключительную фазу.

Гематрия = 100 ק, 30 ל, 60 ס

= 190 = 10 = י (Йод)

Мистические писания показывают, что "когда Святой собирался сотворить мир, все буквы алфавита все еще были спрятаны. За две тысячи лет до сотворения мира Святой, да будет Он благословен, созерцал их и играл с ними. Каждая буква по очереди приближалась к Нему, предлагая себя в качестве средства, с помощью которого мог быть создан мир. "Таким образом, каждая буква наполнилась божественной мудростью, каждая содержала скрытые тайны и энергии, которые позже проявились в творении.

В этом мистическом раскрытии каждая буква иврита имеет священное числовое значение, известное как гематрия. По мере того, как вы погружаетесь в глубины этой древней практики, проявляется скрытая лестница восхождения. Благодаря числовым значениям, присвоенным каждому слову, разворачивается постепенная прогрессия, ведущая к откровению о восхождении.

Каждое слово восхождения представляет собой прогресс в зрелости.

ח

Числовое значение первого слова восхождения соответствует ח (Хет), 8-й букве еврейского алфавита. Ее буквальное значение — **"окружать как будто забором"** — это мистическое ограждение, которое одновременно защищает и определяет священное пространство. На иврите слово "Хокма" (חכמה) начинается с ח, оно переводится как "мудрость". Она олицетворяет живую, дышащую мудрость, которая проистекает из высших сфер божественного откровения.

Притчи 8:22-23 "Господь создал меня в начале Своих дел, прежде древнейших Своих деяний; я от века была назначена, изначально, прежде начала мира". (Здесь говорится о Мудрости/Хокма)

Мудрость играет жизненно важную роль в процессе раскрытия восхождения, служа первоначальным источником откровения и пробуждения идентичности. Мудрость освещает то, что всегда присутствовало, но было скрыто от сознательного осмысления. Она нисходит подобно росе из высших сфер, просачиваясь в глубочайшие чертоги духа, пробуждая самоосознание себя в Боге.

Сирах (Екклесиаст) 24:3-7 "Я вышла из уст Всевышнего и покрыла землю, как туман. Я обитала на высотах, и престол мой был в облачном столпе".

Именно в этой сфере духовные врата начинают выстраиваться и открываться человеку, чтобы ускорить достижение цели и предназначения. Об этих вратах в древних текстах говорится как о "ша'арей цедек" (врата праведности). Каждые врата представляют собой порог сознания, дверь к приключениям: они несут раскрытие понимания о предсуществовании, при том не просто интеллектуального понимания, но и переживания резонанса первых моментов творения, все еще отдающегося эхом в реальности. Это признание вашего положения в царстве Божьем, где у каждого сына есть своя уникальная частота и предназначение. Призыв подняться на свою гору не метафоричен — это приглашение подняться на внутренние высоты сознания, встать там, где встречаются небо и земля, где конечное соприкасается с бесконечным.

Подобно восхождению Моисея на гору Синай, восхождение на вашу духовную гору представляет собой путешествие вашего духа в царство откровения и преображения. Каждый шаг вверх все теснее согласуется с божественным планом, зашифрованном в вашем существе, активизируя древние обещания и пророчества, записанные в свитке вашей судьбы.

ט

Числовое значение слова второго уровня восхождения заканчивается цифрой 9, обозначаемой буквой ט (Тет), 9-й буквой еврейского алфавита, которая переводится как **"корзина"** или **"чрево".** Эта буква служит носителем славы, космической колыбелью, где сознание вступает в божественный транс-танец. Подобно мистическому сосуду, сотканному из света, она содержит суть наших метаморфоз, перекликаясь со священной архитектурой творения.

В этой сфере мы участвуем в тройном транс-танце: **транс-перемещении**, то есть перемещении за пределы пространственных ограничений в сферы, где расстояние растворяется в чистом присутствии, где каждая точка содержит целое, а сознание течет подобно жидкому свету через мембраны, разделяющие духовные измерения. Здесь движение становится намерением, а намерение становится реальностью.

Второй аспект, **трансформация**, проявляется как алхимическое преобразование нашей духовной ДНК во все более утонченные материи света. Изначальная программа человека переписывается на языке небес, а память каждой клетки перекодируется в чистую световую информацию, танцующую в такт квантовому пульсу нашей судьбы.

Тексты **Зоара** описывают символизм еврейской буквы ט Тет следующим образом:

"Девятая буква, Тет, скрыта и окружена со всех сторон, как беременная женщина. Тет спрятана и не раскрывает свой свет вовне, и все же про нее говорится "хорошо", потому что она содержит в себе скрытый свет — скрытое добро, ожидающее, чтобы проявиться и осветить все. Форма буквы подобно матке заключает свет в себе, взращивая скрытую сущность, которая однажды будет раскрыта. Таким образом, ט символизирует скрытое добро, пребывающее внутри творения и проявляющееся в назначенное время".

Наконец, когда наша сущность озаряется изнутри, излучая божественный свет, как это было с Моисеем на горе Синай, происходит **преображение**. Данное состояние выходит за рамки простого свечения: свершается фундаментальный сдвиг в самой природе человеческого естества. Мы становимся живыми порталами божественного выражения, а наши тела превращаются в полупрозрачные сосуды бесконечного света, где каждый атом поет в гармонии с космическим хором. Подобно призмам сознания, мы преломляем чистый белый свет божественности в радужные мосты между мирами.

Эта триада трансцендентного движения образует вечный спиральный танец восхождения, каждый цикл которого поднимает нас все выше по измерениям бытия. В этой священной геометрии движения мы становимся одновременно танцорами и самим танцем, наблюдателями и наблюдаемым, едиными в вечном моменте становления.

Числовое значение третьего слова восхождения сводится к ' (Йод), 10-й букве еврейского алфавита, представляющей завершение творения с момента его рождения. Йод, как самая маленькая буква, содержит в себе парадокс завершения — окончание возвращается к новому началу, подобно семени, содержащему бесконечный потенциал. Эти три основных слова раскрывают процесс того, как Яхве достигает в нас зрелости, расширяя наш дух концентрическими кругами осознания, подобно ряби, расходящейся по воде.

Перефразируя текст **Зоара**: "Когда Воля Бесконечного вознамерилась произвести на свет творение, она сделала это, излучая скрытый свет. Он был сокрыт внутри самого себя, не будучи проявленным, пока не начал расширяться и формировать пути для потока жизни в миры. Из этого скрытого света исходила искра, божественная точка, которая стала основой всего, что должно было быть. Она расширялась и распространялась, образуя каналы и структуры, по которым могла нисходить божественная энергия. Процесс разворачивался в тишине, ибо никто не мог постичь глубины этой скрытой мудрости, поддерживающей все миры".

Ваше сознание осторожно растягивается и видоизменяется, подобно сосуду, который расширяют, чтобы он мог вместить больше света, чтобы вы могли действовать из сферы завершения — места, где небо и земля встречаются внутри вашего собственного существа.

Текст **Зоара** продолжает развивать эту мысль: "Точка [творения], когда она впервые возникла, была чрезвычайно тонкой и изящной, сокрытой тайной, заключенной в чистой и утонченной мысли. Она была скрыта в бесконечном свете, возникнув как основа всего сущего. Когда эта точка расширилась, то, что от нее осталось, стало дворцом божественного, святым местом, где могло обитать сокрытое. Будучи достроен, он послужил семенем для всего творения, источником, из которого должны были прорасти все миры. Этот дворец хранит в себе тайны начала, сосуд для божественного света, который пронизывает все сущее".

Это расширенное состояние позволяет вам воспринимать реальность во множестве измерений одновременно, рассматривая различные духовные аспекты творения как единое целое. Иисус хочет показать вам все: не только дать поверхностное понимание, но и раскрыть сложные узоры, пронизывающие все небеса, священную геометрию, лежащую в основе духовного царства, божественное присутствие, пронизывающее каждую частицу творения. Это "все" охватывает как проявленные, так и непроявленные сферы, видимое и невидимое, известное и таинственное неизвестное, которые ждут своего раскрытия.

В **Сефер Йецира** сказано: "Десять сфирот Небытия: их

мера равна десяти, которым нет конца. Глубина начала, глубина без конца..."

В мистической архитектуре букв иврита мы обнаруживаем священную лестницу сознания, освещенную тремя основными буквами: Хет (п), Тет (ט) и Йод ('). Вместе они образуют поступательный путь к духовному возвышению. Хет (п), будучи восьмой буквой, устанавливает основу посредством мудрости (Хокма). Подобно священной ограде, она создает защищенное пространство, где может раскрыться божественное откровение. Внутри этого пространства открываются врата праведности, отмечая порог, за которым уникальная духовная частота человека пробуждается к своей божественной цели. Когда мы поднимаемся к Тет (ט), девятой букве, мы входим в преобразующий сосуд, космическое лоно, где сознание претерпевает тройственную метаморфозу. Благодаря перемещению, трансформации и преображению душа становится живой призмой божественного света, преодолевая границы измерений и сливаясь с вечным танцем творения. Наконец, в Йод ('), десятой букве, мы сталкиваемся с парадоксом завершения, которое инициирует новые начинания. Хотя физически это самая маленькая буква, она олицетворяет полноту божественного потенциала, когда расширенное сознание воспринимает несколько измерений одновременно. Здесь слияние неба и земли ускоряется в духе, раскрывая сложные закономерности творения как в явных, так и в скрытых сферах. Эта последовательность восхождения раскрывает глубокий процесс духовного созревания, где каждая буква основывается на предыдущей, создавая постоянно расширяющуюся спираль сознания, раскрывающую божественную сплоченность и единение, которое мы имеем в Яхве.

МОИСЕЙ, ЛЕСТНИЦА ВОСХОЖДЕНИЯ

В иудейской и христианской вере Моисей выступает как архетипический пророк, основополагающая фигура, олицетворяющая совмещение божественного откровения и человеческого лидерства.

Второзаконие 34:10 "И не было более у Израиля пророка такого, как Моисей, которого Господь знал лицем к лицу..."

Он родился в колене левитов во времена еврейского рабства в Египте, и само его выживание было чудом, организованным Богом. Его мать Иохаведа, столкнувшись с указом фараона убивать еврейских младенцев мужского пола, положила младенца в корзину из папируса на берегу Нила. Этот акт отчаянной веры привел к спасению ребенка дочерью фараона, которая назвала его Моисеем ("извлеченным из воды") и воспитала при египетском царском дворе.

Двойственный характер личности Моисея, еврея по происхождению, но воспитанного египетской королевской особой, сформировал его уникальную и мистическую судьбу. Это воспитание позволило ему научиться всей египетской мудрости и лидерству уже в юности, однако при этом Моисей сохранил глубокую связь со своими еврейскими корнями через родную семью, особенно через своего брата Аарона и сестру Мириам, сыгравших позднее решающую роль, как описано в книге Исход.

Поворотный момент наступил, когда Моисей убил надсмотрщика-египтянина, став свидетелем того, как тот избил раба-еврея, и был вынужден бежать в Мадиам. Этот период изгнания оказался решающим для духовного развития будущего пророка. Под руководством Иофора, мадианитского священника, на чьей дочери Сепфоре он женился, Моисей углубил свою созерцательную натуру, работая пастухом.

Невероятная встреча с Богом у горящего куста на горе Хорив ознаменовала превращение Моисея из пастуха в первопроходца в мистических сферах. Через это богоявление стало известно невыразимое божественное имя Яхве, и оно положило начало роли Моисея как освободителя и законодателя. Еврейская мистическая традиция особенно подчеркивает этот момент, видя в горящем неопалимом кусте как внутреннюю божественную природу, так и трансцендентность.

Впоследствии лидерство Моисея включило в себя множество аспектов: чудотворец во время десяти казней, военачальник во время Исхода, судья в спорах между коленами и, что наиболее важно, пророк и передатчик божественного закона. Его восхождение на гору Синай в течение сорока дней и ночей представляет собой вершину мистического опыта.

Текст **Зоара** описывает это как вхождение в "облако неведения", где Моисей достиг наивысшей степени человеческого общения с Яхве, какое только было возможно.

Экклезиаст (Сирах) 45:1-5 (Дословный перевод): "Моисей был возлюблен Богом и людьми, память о нем хранится в благословении. Бог сделал его равным святым по славе и возвеличил его, устрашив его врагов... Он освятил его в его верности и кротости и избрал его среди всякой плоти. Он заставил его услышать Свой голос, и ввел его в темное облако, и дал заповеди пред лицом его, даже закон жизни и знания".

Традиционные источники подчеркивают уникальный пророческий статус Моисея: в то время как другие пророки получали божественное общение через сны или видения, Моисей говорил с Богом "лицом к лицу", получая ясные пророчества, а не загадки. Парадоксально, что он мог увидеть только "спину" Бога, а не "лицо", когда просил увидеть Божью славу. Эта встреча подчеркивает как близость, так и тайну божественного единения.

Числа 12:6-8 "если бывает у вас пророк Господень, то Я открываюсь ему в видении, во сне говорю с ним; Но не так с рабом Моим Моисеем, — он верен во всем доме Моем: Устами к устам говорю Я с ним, и явно, а не в гаданиях, и образ Господа он видит".

Несмотря на то, что Моисей сорок лет вел израильтян по пустыне, сам он так и не вошел в Землю Обетованную, умерев на вершине горы Нево в непосредственной близости от нее. Моисей — человек, который казался неуверенным в себе, заикающимся и, вероятно, не очень смелым. Когда Бог впервые призвал его, его язык был отягощен сомнениями, а дух подавлен своими мнимыми ограничениями. Он сильно сомневался в себе и из-за своей неуверенности попросил, чтобы Аарон говорил от его имени. Грандиозность его божественной миссии казалась ему большей, чем его вера в желание Яхве действовать через него.

Изначально Бог послал Аарона в качестве связующего звена, голоса для безгласных. Когда время раскрыло свои тайны, Аарон отступил в тень, с удивлением наблюдая за происходящим превращением своего брата. Уверенность Моисея возросла благодаря его необычным встречам с небесными сферами на горе. Неопалимая купина была только началом: каждое восхождение в более высокие духовные измерения меняло его природу, возвещая о власти его горы, его предназначения.

Духовные сферы, с которыми Моисей взаимодействовал, не просто повлияли на его уверенность — они реконструировали его понимание духовной реальности как таковой. С каждой божественной встречей, с каждым раздвиганием завесы между мирами духовная ДНК Моисея, казалось, менялась и перестраивалась. Общение с небесными сферами расширило его сознание — его слова стали откровениями, которые потрясли и небо, и землю, а его ходатайства имели вес человека, ходящего между мирами.

Талмуд, *Рош А-Шана* "В мире были созданы пятьдесят врат понимания (Бина), и все они были даны Моисею, кроме одного, как написано: "Ты немногим умалил его перед Богом" (Псалом 8:5, НРП)".

Странствуя по небесным мирам, сущность Моисея трансформировалась из того, чтобы верить во что-либо, в то, чтобы становиться этим. Он не просто понимал умом — это было божественное проявление, пришедшее от наблюдения за механизмом творения. Он увидел структуру, которая скрепляла реальность воедино, прикоснулся к строительным блокам бытия в духовной сфере. Это знание превратило его из нерешительного пастыря в духовного архитектора, который мог формировать реальность.

Мудрость Сираха (Екклесиаст) 45:1-5 "Моисей был возлюблен Богом и людьми... Он (Бог) сделал его равным святым по славе и возвеличил его, к ужасу его врагов... Он освятил его в его верности и кротости и избрал его среди всех людей".

Перефразировано из текста **Зоара:** "Когда Моисей вознесся на небеса, чтобы получить Тору, все небесные существа затрепетали и сказали: "Что среди нас делает рожденный женщиной?" Святой, да будет Он благословен, ответил им: "Это тот, кто избран нести Мой свет в низшие миры". Моисей, возвышенный над обычными ограничениями человеческой плоти, наполнился божественным сиянием, увенчанный славой Святого. В этот момент он переступил границы земного существования, став равным высшим существам. Благодаря своему духовному восхождению Моисей достиг уровня, на котором его душа соединилась с небесным светом, что позволило ему служить мостом между небесами и землей".

"В сферах восхождения уверенность рождается от встреч с небесными измерениями, которые гармонируют с вашим свитком, согласованным с судьбой".

МИСТИЧЕСКОЕ ИМЯ МОИСЕЯ

Имя Моисей — "Моше" (משה) на иврите — шифрует собой суть опыта восхождения:

Мем (מ) символизирует воду и представляет многомерность небесных тайн. Она означает единство мужской и женской энергий, скрытых и явленных, собирающихся вместе для раскрытия божественного творения.

Шин (ש): представляет огонь, символизируя его очищающую и преобразующую сферу. Зарево огня, поднимающееся из глубин к небесам, олицетворяет вселенную, поглощающая все разделения.

Хей (ה): Означает дыхание, показывая глубинный опыт общения с Яхве лицом к лицу, устами (פ) к устам.

Имя Моисея воплощало его опыт восхождения. Он поднялся в воды, столкнулся с божественным присутствием в огне и говорил с Богом лицом к лицу, переплетая дыхание с дыханием. Тайна его пути восхождения была скрытой в его имени, закодированной в его ДНК и выраженной в его преданности Яхве.

Исход 19:1-25 (НРП) "1 (В первый же день) На третий месяц после ухода из Египта, в этот же день, израильтяне достигли Синайской пустыни.

2 Покинув Рефидим, они пришли в пустыню Синай, где Израиль остановился у подножия горы.

3 Моисей взошел к Богу. Господь обратился к нему с горы и сказал: «Скажи дому Иакова, народу Израиля:

4 „Вы видели, что Я сделал с Египтом и как Я нес вас на орлиных крыльях и привел к Себе.

5 Итак, если вы будете всецело повиноваться Мне и соблюдать завет Мой, то из всех народов лишь вы будете Моим драгоценным достоянием. Вся земля Моя,

6 но вы будете у Меня царством священников, святым народом". Скажи это израильтянам».

7 Моисей спустился, позвал старейшин народа и передал им то, что ему повелел сказать Господь.

8 Народ ответил единогласно: "Мы исполним всё, что сказал Господь".

Моисей передал их ответ Господу.

9 Господь сказал Моисею: «Я приду к тебе в густом облаке, чтобы народ услышал, как Я говорю с тобой и навсегда поверил тебе». Моисей передал Господу, что сказал народ.

10 Господь сказал Моисею: «Пойди к народу и освяти его сегодня и завтра. Пусть они выстирают одежду

11 и приготовятся к третьему дню, потому что тогда Господь сойдет на гору Синай у них на глазах.

12 Установи для народа границу вокруг горы и скажи им: „Остерегайтесь подниматься на гору и касаться её подножия. Всякий, кто коснется горы, непременно будет предан смерти.

13 Его забьют камнями или пронзят стрелами: его нельзя будет коснуться рукой. Человек ли то или животное — ему не жить". Лишь когда протяжно протрубит рог, они могут подниматься на гору».

14 Спустившись к народу с горы, Моисей освятил его. Они выстирали одежду.

15 Он сказал народу: "Приготовьтесь к третьему дню. Воздержитесь от близости с женщинами".

16 Утром третьего дня были гром и молния, густое облако над горой и громовой звук рога. Все, кто был в лагере, задрожали.

17 Моисей вывел народ из лагеря навстречу Богу, и они встали у подножия горы.

18 Гора Синай была застлана дымом, потому что Господь

сошел на неё в огне. От неё поднимался дым, словно из печи. Вся гора сильно дрожала,

19 а звук рога становился всё громче и громче. Моисей говорил, и Бог отвечал ему громовым голосом.

20 Господь сошел на вершину горы Синай и позвал туда Моисея. Когда Моисей поднялся,

21 Господь сказал ему: "Сойди и предупреди народ, чтобы они не переступали границу, чтобы посмотреть на Господа, иначе многие из них умрут".

22 Даже священники, которые приближаются к Господу, должны освятить себя, иначе Господь покарает их.

23 Моисей сказал Господу: "Народ не может подняться на гору Синай, ведь Ты Сам предупредил нас: «Установи границу вокруг горы и освяти её»".

24 Господь ответил: "Сойди и приведи с собой Аарона. Священники и народ пусть не переступают границу, чтобы подняться к Господу, иначе Он их покарает".

25 Моисей сошел к народу и передал всё это.

МНОГОМЕРНЫЕ ОДЕЯНИЯ

Исход 19:1(В первый же день) На третий месяц после ухода из Египта, в этот же день, израильтяне достигли Синайской **пустыни.**

Еврейское слово "пустыня מִדְבָּר" (мидбар) означает "бесплодие или дикая местность", но в нем также есть скрытый смысл —

"уста". Песнь песней Соломона 5:15 описывает уста царя как источник изысканной сладости. Когда израильтяне отправились в свое путешествие и достигли горы в пустыне, это означало нечто большее, чем просто физическое достижение определенного места — это означало их прибытие к устью горы и, возможно, даже к устам Царя.

Частота Яхве высвобождается из уст: рот является источником дыхания, звука, частоты и вибрации. Несмотря на то, что израильтяне достигли цели в физическом мире, они одновременно вступили в духовную реальность.

Корень слова "מִדְבָּר" на древнем иврите — это "מְ", что означает "одеяние". Производное от "מְ" — это слово "מָדַד", которое означает "измерять". Это наводит на мысль, что различные одежды по факту служат "мерами" или "калибровками" частоты измерений.

Из текста Зоара: "Каждый день душа облачается в разные одеяния, восходя и нисходя в соответствии со своими делами. Эти одежды сотканы из действий и намерений человека и определяют путешествие души и ее связь с высшими мирами. По мере восхождения душа облачается в одежды света и святости... Эти одеяния являются тайной божественных имен, поскольку через каждое из них душа соединяется с определенным именем Святого, да будет Он благословен, отражающим божественные атрибуты, к которым она приобщается". Другая версия описывает это так:

"Когда душа приходит в этот мир, она облачается в его одеяние. Это одеяние низшего царства, одеяние материальности, скрывающее внутренний свет души. Но благодаря действиям в этом мире душа может возвыситься, преображая и очищая свое одеяние. В ходе этого процесса душа собирает искры святости, рассеянные по всему творению, возвращая их обратно к божественному источнику. Когда душа покидает этот мир, она сбрасывает это одеяние и, очищенная и сияющая, возносится, чтобы соединиться с небесными сферами"

ה раскрывает более глубокий духовный принцип власти и пространственного перемещения. В еврейской мистической мысли одежда — это не просто физическое покрытие, но и духовные технологии, которые обеспечивают промежуточные переходы между мирами. Одежды восхождения функционируют как вибрационные интерфейсы, которые позволяют духу гармонировать с частотами различных измерений и получать к ним доступ.

В вашем духе есть страстное желание облачиться... сейчас... а не после смерти.

2-е Коринфянам 5:2-4 (Дословный перевод): "Тем временем мы стенаем, страстно желая вместо этого облечься в наше небесное жилище... Ибо, находясь в этом шатре, мы стенаем и обременяемся, потому что не хотим быть раздетыми, но вместо этого облечься в наше небесное жилище"

Данная концепция проиллюстрирована во **2 Еноха 22:8**, где приводится описание пространственного преображения в древней мистической литературе:

И сказал Господь Михаилу: "Пойди и извлеки Еноха из |его| земной одежды. И помажь его Моим восхитительным елеем, и облачи его в одежды Моей славы". И Михаил сделал так, как сказал ему Господь. Он помазал и одел меня. И вид того масла был больше, чем величайший свет, и мазь его была подобна сладкой росе, и благоухание его — мирре; оно было подобно лучам сверкающего солнца. И я посмотрел на себя, и увидел, что я стал похож на одного из его славных |святых|, и не было никакой заметной разницы".

Этот отрывок раскрывает несколько ключевых идей об одеянии восхождения:

1. Процесс обмена — удаление частот земного/низшего измерения. Происходит намеренное снятие "земной одежды" перед получением одежды более высокого измерения, что наводит на предположение, что определенные вибрационные частоты борются за одновременное сосуществование.

2. Роль помазания — помазание божественной световой субстанцией. Таинственный елей служит трансформирующим средством, и для его описания используется термины "свет", "роса" и "солнечное сияние", вероятно потому, что он воздействует на несколько духовных чувств одновременно. Частота настраивает вас, а аромат — возносит.

3. Полное преобразование в состояние **более** высокого измерения — облачение в одеяния славы. Утверждение Еноха о том, что между ним и славным святым не было "заметной разницы", показывает, что эти одежды способствуют полной пространственной интеграции.

Данный процесс отражает то, что упоминается в Послании к Колоссянам 3:9-10 относительно изменения измерения — отказа от старой природы и облачения в новую. Эти одеяния света или славы представляют собой различные вибрационные частоты, которые позволяют сознанию действовать на различных пространственных уровнях.

В мистическом понимании эти одежды служат нескольким целям:

• Эти частотные модуляторы для пространственного перехода действуют как интерфейсы между различными уровнями реальности;

• несут в себе определенные знаки авторитета, функционирующие в разных сферах;

• обеспечивают восприятие и работу на более высоких частотах;

- облегчают общение между существами разного пространственного происхождения;

- служат технологиями восприятия и взаимодействия в различных духовных измерениях.

В более глубоком мистическом понимании эти одежды представляют собой постепенные уровни сознания и духовных способностей, которых достигают сыны, возрастающие в зрелости. Каждое одеяние соответствует определенным способностям воспринимать и действовать в измерениях с разными частотами. Описанный обмен предметами одежды не просто символичен — он отражает реальные изменения в духовном составе и возможностях носителя. Проще говоря, духовные одеяния — это небесные технологии, которые открывают способности, присущие вам как Элохиму, сыну Божьему.

1 Енох 62:15-16 "И праведные и избранные восстанут с земли и перестанут их лица быть унылыми. Они будут облечены в одежды славы, и это будут одежды жизни от Господа Духов".

3 Еноха 12:1-5 описывает "преображение Метатрона": "Когда Святой, да будет Он благословен, забрал меня из числа тех, кто ходит по земле... Он назначил меня над всеми сокровищницами и хранилищами... Он облек меня в одеяния славы".

Хотя приведенные выше места Писания и говорят не о Моисее, они являются примерами, которые связаны с процессом его преобразования при восхождении.

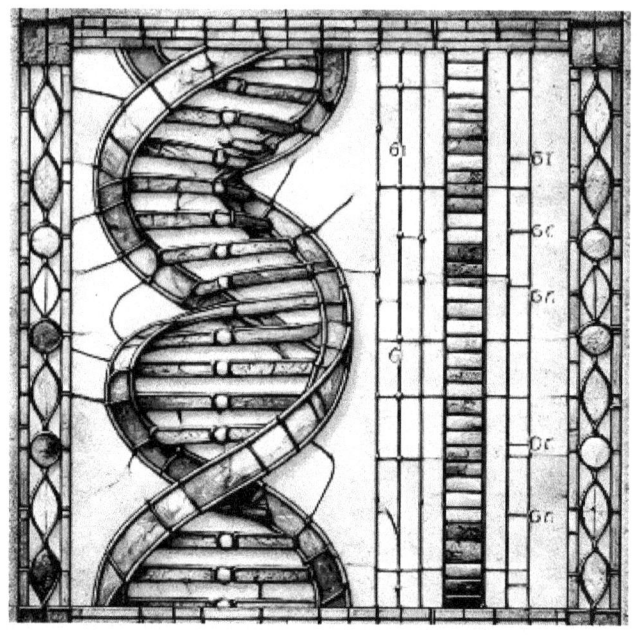

ВЗВЕШИВАНИЕ (ИЗМЕРЕНИЕ) КАК ПУТЬ ИСЦЕЛЕНИЯ

Слово "תְּקַל", означающее **"быть взвешенным/ измеренным"**, напоминает мне фильм "История рыцаря", где в ходе рыцарского поединка один соперник говорит другому: "Тебя взвесили, измерили, и ты оказался негодным". Эта фраза взята из Писания: **Даниила 5:27**

"Текел — ты взвешен на весах и найден очень легким"

Псалом 138:23-24 "Испытай меня, Боже, и узнай сердце мое; испытай меня и узнай помышления мои; И зри, не на опасном ли я пути...»

Во время своего духовного путешествия вы пройдете через необходимую долину саморефлексии и обрезания, фазу взвешивания (измерения). В этот период самоанализа начинается трансформация. Иисус, в Своей бесконечной мудрости и сострадании, выступает одновременно проводником и целителем, помогая осветить темные уголки вашей души, где хранятся прошлые обиды, глубоко укоренившиеся травмы и неразрешенные разочарования.

Его божественное партнерство в исцелении — это не просто залечивание старых ран, это восстановление вашей духовной ДНК как сына Божьего. Подобно мастеру, бережно восстанавливающему бесценный артефакт, каждый момент эмоционального исцеления придает вашей духовности глубину, богатство и авторитет. Думайте об этом как о духовной археологии — каждый уровень исцеления раскрывает новые аспекты вашего божественного наследия и власти.

Взаимосвязь между исцелением и духовной властью многогранна: по мере вашего восстановления растет ваша духовная осознанность, предоставляя вам более широкую перспективу и большую мудрость для преодоления жизненных трудностей. Эти испытания предлагают тщательно спланированные возможности для духовного совершенствования и возвышения — каждое из них становится дверью к более глубокому пониманию и большей власти, если подходить к этому процессу с позиции эмоциональной целостности.

Ваш путь нуждается в постоянстве, что потребует от вас отказа от старых парадигм. Эта метаморфоза влияет на все:

на то, как вы молитесь, как вы руководите, как вы любите, как вы служите. Власть управлять царством и принимать решения естественным образом исходит из исцеленного сердца.

Подумайте вот о чем: пытаться проявлять духовную власть, имея внутри неисцеленные душевные раны, — все равно что со сломанными руками пытаться дирижировать оркестром. Музыка вашей жизни теряет гармонию, а ваши решения омрачаются неразрешенной болью. Тяжесть эмоциональных ран создает искажения в вашем духовном восприятии, приводя к решениям, которые проистекают из боли вместо мудрости, и из страха вместо веры.

Я видел бесчисленное множество людей, благословленных необычайными духовными дарами и могущественным помазанием, которые часто бросали все, но не из-за отсутствия призвания, а из-за своей эмоциональной незрелости. Их попытки построить служение, хоть и были яркими, выгорали или прекращались, приводя к неисцеленным ранам и непроработанным травмам. Внутреннее исцеление дает вам свежий взгляд; и ситуации, в которых вы однажды потерпели поражение, становятся возможностями для победы — те же испытания, которые когда-то истощали вас, становятся источниками мудрости. Это устойчивая трансформация, которую приносит истинное исцеление.

2-е Коринфянам 3:18 Перевод Библии "Зеркало": "Дни разглядывания витрин закончились! В Нем открыто каждое лицо. С удивлением взирая на план Бога, воплощенный в человеческом облике, мы внезапно осознаем, что смотрим в зеркало, где каждая черта Его образа, воплощенного во Христе, отражается внутри нас! Дух Господень руководит этой радикальной трансформацией: мы переходим от низшего склада ума к проявленному одобрению нашей подлинной идентичности".

Помните: исцеление заключается не в том, чтобы почувствовать себя лучше, а в том, чтобы стать собой по-настоящему. Речь идет о достижении зрелости в полноте вашего божественного призвания. Каждый шаг вашего пути исцеления — это шаг к продвижению в духовной сфере. По мере того, как ваше сердце исцеляется, расширяется ваш уровень власти, углубляется мудрость, а служение или путешествие становится мощным и устойчивым. Когда внутреннее исцеление согласуется с внешним помазанием, именно тогда проявляется его длительный результат; именно тогда трансформация происходит не только лично с вами, но и затрагивает другие поколения.

Следовательно, исцеление не просто ведет к продвижению — оно становится основой, на которой строится прочный духовный авторитет, как мост между потенциалом и проявлением, между призванием и самореализацией, между даром и наследием.

ПРОБУЖДЕНИЕ

Когда израильтяне отправились в пустыню и приблизились к горе, то, сами того не ведая, они оказались в духовной реальности, столкнувшись лицом к лицу с голосом Яхве.

Моисей, в частности, был глубоко соединен с Яхве, разговаривая с Ним лицом к лицу. На иврите слово "лицо" — это слово "פנים" (паним); оно связано с "פ" (Пэй) פ, что означает "рот", так что Моисей очень близким образом взаимодействовал с Яхве.

Числа 12:8 "С ним Я говорю лицом к лицу (פה-אל פה, пех эль пех), ясно, а не загадками; он видит форму ГОСПОДА"

Иврит подразумевает, что это было не просто разговор лицом к лицу, но общение уста в уста — божественное, переплетенное дыхание. Яхве привел израильтян в такое место, где они могли ощутимо пережить Его частоту и дыхание.

В этом месте происходит глубокое пробуждение сознания, поскольку лицо, уста и дыхание Яхве играют решающую роль на начальном этапе восхождения и переживания божественных встреч на вашей горе.

В израильтянах началось духовное пробуждение, когда они достигли подножия горы Синай, этого царства уст, о котором пойдет речь позже. Интересно, что и слово "Синай" (סיני), и слово "восхождение" (קלל) начинаются с "Самэх" (ס) — еврейской буквы, которая окружает.

Они вошли во врата первоначального творения, в пространство, где они могли соединиться с изначальной целью своего существования.

Еврейское слово "Синай" (סיני) имеет важное значение в контексте этого оживления: конкретный перевод корня этого названия неясен, однако есть предположение, что оно происходит от корня "סנה", "Сене", означающего "куст", "горящий куст". Это связано с первой встречей Моисея с Богом у горящего куста.

Из текста **Зоара**: "Когда Святой, да будет Он благословен, воззвал к Моисею из горящего куста, этот зов нашел отклик и проник во все небосводы, достигнув как верхних, так и нижних миров. Все небесное воинство затрепетало и прислушалось, и божественный голос разнесся по всем мирам. В этот момент Моисей был увенчан божественным венцом совершенной веры. Святой назвал его по имени: "Моисей, Моисей", приблизив его, окутав святостью и даровав ему власть божественной мудрости, ибо он был избран, чтобы вывести детей Израиля из рабства к свету".

СФЕРЫ ДУХОВНЫХ СУЩНОСТЕЙ

Исход 3:1-6 (НРП): Моисей пас отару своего тестя Иофора, мадианского жреца. Он повел её далеко в пустыню и пришёл к Хориву, **Божьей горе**. Там ему явился Ангел Господень в пламени из среды горящего тернового куста. Моисей увидел, что объятый огнем куст не сгорал, и подумал: «Пойду и посмотрю на это великое чудо —

почему куст не сгорает». Когда Господь увидел, что Моисей подошел посмотреть, Бог позвал его из куста: "Моисей! Моисей!" Моисей ответил: "Вот я". "Не подходи ближе", — сказал Бог. — "Сними свою обувь, потому что место, на котором ты стоишь, — святая земля". Он сказал: "Я — Бог твоего отца, Бог Авраама, Бог Исаака и Бог Иакова". Услышав это, Моисей закрыл лицо, потому что боялся смотреть на Бога".

Хорив, гора Божья, представляет собой глубокую теологическую сложность из-за того, что слово "Элохим" (אלהים) переведено как "Бог". Традиционное христианство сузило круг Элохимов[1] до Отца, Сына и Святого Духа. Однако этот термин для обозначения формы божественности во множественном числе предполагает обозначение также Небесного суда или совета. Сама гора служит сооружением, где божественная власть проявляется в виде множества тронов.

В книге **Даниила 7:9 (НРП)** дается этому яркое описание: "...поставлены были престолы, и воссел Древний Днями. Одежда Его, как снег, бела, волосы на голове как чистая шерсть. Престол Его полыхал огнем, в пламени были под ним колеса".

Данная сцена изображает не только один трон, а множество мест для лиц, облеченных властью, что наводит на мысль о Божественном собрании или Небесном суде. Древний Днями, представленный во славе, председательствует на этом собрании небесных властей.

Это иерархическое расположение находит параллельное подтверждение в **Откровении 4:2 (НРП)**: "Сразу же я был охвачен Духом, и вот передо мной стоит престол на небесах, а на престоле сидит Некто. Сидящий на престоле блестел, как драгоценный камень яшма, или сердолик, и над Ним

---

1   Слово "элохим" в иврите — существительное множественного числа (прим. переводчика)

была радуга, напоминающая изумруд. Вокруг этого престола стоят ещё двадцать четыре престола, на которых сидят двадцать четыре старца…".

Образы престолов создают космический амфитеатр божественного управления.

Когда Моисей приблизился к горе Хорив, он, по сути, попал на заседание Небесного суда. Встречу с неопалимой купиной можно понимать как вступление в божественный совет, где небесные существа занимали свои соответствующие престолы. Эти божественные существа, приняв участие в небесных обсуждениях, были подготовлены к прибытию Моисея и своей роли в передаче божественных наставлений.

Отрывок из текстов **Зоара** раскрывает следующее: "В то время, когда Моисей взошел на высоту, все небесное воинство затрепетало и сказало: "Что среди нас делает рожденный от женщины?' …И когда они увидели облако, поднявшее Моисея, и он вошел к ним…»

Сам неопалимый куст служил порталом или воротами в это царство божественного собрания. Ангел Господень, проявившийся в огне, представляет собой взаимодействие между божественным посланником и божественным присутствием. Серафимы (שרפים, буквально "горящие") своим огненным присутствием создавали атмосферу освященного пространства. Они — существа, состоящие из живого пламени, каждое из которых несло определенные божественные поручения, создали многомерную духовную среду.

Это понимание становится особенно важным для рассмотрения практик духовного восхождения. Нахождение ангелов огня у подножия горы, где происходит "измерение", предполагает, что это место — точка трансформации —

порог, за которым человеческое сознание должно быть откалибровано или "измерено", прежде чем подниматься дальше в божественные сферы.

В **Псалме 81:1 (НРП)** сказано, что "Бог возглавляет великое собрание, среди богов произносит суд...", что подтверждает концепцию собраний Божественного совета.

3 Царств 22:19 (НРП) добавляет: "...Я видел Господа сидящим на Своем престоле, со всем небесным воинством, стоявшим справа и слева от Него".

В совокупности эти отсылки рисуют картину тщательно структурированных духовных сфер, в которых божественная власть действует на множестве уровней и через множество существ, и все они в конечном счете подчиняются высшей власти Яхве.

В **Книге Пророка Исайи 6:1** описывается, как пророк увидел Господа сидящим на троне, окруженного серафимами с шестью крыльями у каждого. Эти существа прикрывали свои лица и ноги двумя крыльями и летали двумя другими.

Деяния 7:38 "Это тот, который был в собрании в пустыне с Ангелом, говорившим ему на горе Синае, и с отцами нашими, и который принял живые слова, чтобы передать нам".

Как в **Псалме 81:1**, так и в **Деяниях 7:38** упоминается "собрание". Еврейское слово, обозначающее это "собрание", — "СОД" (סוֹד), оно означает **чтобы получить совет от Яхве о небесных тайнах.** Этот божественный совет или небесное собрание представляет собой точку соприкосновения земной и небесной сфер. Представьте, что вы находитесь в самом центре этого! Сама атмосфера наполнена божественными тайнами. Несомненно, именно здесь Моисей оказался у горящего куста.

Взаимодействие с духовными сущностями на горе Бога необходимо во время практики восхождения: оно служит ключом к разблокировке сознания. Наше внимание неизменно сосредоточено на божественном трио — Яхве, Иисусе и Святом Духе. Тем не менее, это также время глубокой связи с нашей духовной семьей, которая излучает Божье присутствие.

Вы хотите встретиться с ангелами, вступить в божественный диалог, как это сделал Даниил:

Даниила 10:15 "Когда он говорил мне такие слова, я припал лицем моим к земле и онемел. Но вот, некто, по виду похожий на сынов человеческих, коснулся уст моих, и я открыл уста мои, стал говорить и сказал стоящему передо мною: «господин мой! от этого видения внутренности мои повернулись во мне, и не стало во мне силы".

Бог желает, чтобы мы общались с ними и слышали их отклик, подобно пророкам древности, которые беседовали с небесными посланниками.

Цель этого раздела — активизировать ваше взаимодействие с духовными существами, как описано в Священных Писаниях. Наше путешествие выходит за рамки эмоций, но духовный экстаз, получаемый через подобные вещи, несет действительно чудесные проявления, в которые я очень люблю вовлекаться. Для этого необходимо открытие наших внутренних врат, потому что Писание провозглашает в **1-м Послании к Коринфянам 6:3**, что как сыновья, мы будем судить ангелов. Это дает нам возможность использовать нашу власть в духовных делах. Если нам не хватает понимания деталей и ключей, необходимых для активации, как мы можем судить о ситуации? Хотя христианская вера традиционно считает, что суд над ангелами и восхождение происходят лишь после нашей земной жизни, такая перспектива может потребовать свежего взгляда. Теперь, когда восхождение Иисуса и Его вселенская победа на кресте уже свершились, мы готовы познать эту реальность, потому что смерть больше не является нашими вратами. Как говорится в **Послании к Колоссянам 3:1**, поскольку мы уже воскресли со Христом, мы стремимся к тому, что выше. Благодаря силе Иисуса внутри нас мы понимаем процесс духовного восхождения и ориентируемся в нем.

По мере того как наши отношения с Иисусом углубляются, нам даются поручения и власть, во многом подобные тем, что были даны Адаму в Книге Бытия для управления творением. Яхве дал нам силу управлять творением, как описано в Бытие:

Бытие 1:26-28 (НРП) Потом Бог сказал: «Создадим человека — Наш образ и Наше подобие, — пусть он царствует над рыбами морскими и птицами небесными, над скотом, над всей землей и над всеми пресмыкающимися». Так Бог сотворил человека по образу Своему, по образу Божьему Он сотворил его; мужчиной и женщиной Он сотворил их. Бог благословил их и сказал: «Плодитесь и размножайтесь; наполняйте землю и владейте ею. Царствуйте над рыбами морскими, и птицами небесными, и над всеми пресмыкающимися».

Это священное партнерство обладает силой исцелять и приводить творение в соответствие с его первоначальным замыслом, поскольку в **Послании к Римлянам 8:19-22** говорится, что творение жаждет проявления Божьих сынов. Восхождение дает новый взгляд на творение с точки зрения Небес, подобно тому, как слуга Елисея увидел небесные воинства, когда у него открылись глаза в **4 Царств 6:17**. Как намекает пророк в **Иеремии 23:18**, у нас есть потенциал стать частью совета. Это позволяет нам присоединиться к "собранию святых", как описано в **Псалме 88:8**, сидя за столом и общаясь с другими присутствующими, — это очень захватывающая сфера сыновства.

Мы можем относить все это к духовным тайнам Царства Небесного, однако Бог также хочет раскрыть тайны в вашем бизнесе, на вашем рабочем месте, в вашей семье. Тайны Царства раскрываются, давая вам уникальные озарения и знания, которые превосходят человеческое понимание. Эти божественные откровения могут проявиться в самые неожиданные моменты — во время обычной встречи, за рабочим столом или даже в середине семейного ужина. Это Яхве говорит через вас, преобразуя скрытое в божественное прозрение. Придет знание, которому вы никогда не учились, появится понимание, которое вы не могли приобрести обычным путем, а все потому, что вы переплетаетесь с божественным советом.

ВХОЖДЕНИЕ

Исход 19:2 (НРП) "Покинув Рефидим, они **пришли** в пустыню Синай, где Израиль остановился у подножия горы".

Еврейское слово, переведенное как "пришли" — "אוב" (бо), раскрывает слои глубокого духовного значения, которые нельзя полностью передать в переводе: אוב означает **"приходить или уходить"**.

Иоанна 10:9: "Я — дверь: кто входит через Меня,

тот будет спасен. Он сможет входить и выходить и найдет пастбище.

Это божественное сочетание букв рассказывает историю космических масштабов:

Сефер Йецира 2:4 "Двадцать две буквы основания: Он выгравировал их, Он вырезал их, Он переставил их местами, Он взвесил их, Он преобразовал их, И Он создал с их помощью все, что было создано, и все, что будет создано".

"Буквы иврита — это структуры ДНК, написанные на языке Небес".

Буква "ב" (бет) представляет собой не просто какой-либо храм, а живой храм

— пребывание божественного присутствия в сынах Божьих. Как первая буква Торы (בראשית / Берешит), она говорит о сосуде, который содержит священное пространство и чертежи всего творения. Этот аспект храма предполагает, что, когда народ Израиля "пришел", он не просто двигался в физическом пространстве, но входил в пространственные врата, портал высвобождения творения.

Бытие 28:17 (Переживание Иакова): "Как устрашает (потрясает) это место! Не иначе как здесь дом Бога (בית אלהים / Бейт Элохим), и это — врата небес".

Буква "ו" (вав), как лестница ДНК или "колышек", соединяет небо и землю, как в видении Иакова в Вефиле. "Вав" служит космическим связующим звеном, соединяющим различные измерения, каналом, по которому текут чудеса.

Буква "א" (алеф) завершает эту троицу букв своей безмолвной силой. Как первая буква еврейского алфавита, она олицетворяет невыразимую природу божественного — сферу, находящуюся за пределами человеческого понимания. Это одновременно ничто и все, парадокс проявленной божественности, наше движение по дуге от конца к началу.

Это мощно соединено с ролью Моисея, с его посохом и чудесами "פלא" (пала). Обратное написание алеф "אלפ" в слове "פלא" предполагает, что эти чудеса проступают из-за завесы тайны, превращая невыразимое в явную реальность. Моисей, как посредник, мог получить доступ к этим тайнам через раскрытие восхождения לה, став живым мостом между мирами.

В тексте **Зоара:** "Когда человек восходит, чтобы соединиться с вышним, все миры радуются вместе с ним, и Святой, да будет Он благословен, созывает все Свое воинство и говорит им: "Посмотрите, какого драгоценного сына Я имею в нижнем мире!" Когда человек соединяется внизу со святостью, вызывая радость во всех мирах, его действия приносят благословения и свет во все сферы. Святой гордится этой душой, поскольку она объединяет низший и высший миры, принося гармонию и самореализацию всему творению".

Это отражает невероятное переживание Иакова, в котором его видение восходящих и нисходящих ангелов было не просто сном, а откровением потенциала человечества к божественной связи. То, что Ангелы восходили сперва от самого Иакова, предполагает, что божественная искра зарождается внутри нас, делая каждого сына Божьего вратами в высшие, межпространственные сферы. Когда Иаков стал свидетелем того, как ангелы сначала восходили (затем нисходили), это установило закономерность: вы — избранный храм, врата первого освобождения.

Эта мистическая перспектива предполагает, что вхождение израильтян в пустыню было не просто географическим перемещением — это был пространственный сдвиг в место, где встречаются небо и земля, где тайны Царства могут быть раскрыты благодаря их присутствию как живых храмов Божьих.

2 Енох 21:1-6 "И те люди забрали меня оттуда и вознесли меня на седьмое небо... И я увидел там невероятно великий свет, и все огненные армии великих архангелов, и бестелесные силы, и господства, и истоки, и власти, херувимов и серафимов, и многоглазые престолы...»

Сама пустыня может символизировать удаление, создающее пустое пространство, необходимое для божественного откровения: она отражает путешествие израильтян от физического (уход из Рефидим) к мистическому (вхождение в Синайскую пустыню). Последовательность букв в слове "בוא" важна, поскольку интеграция храмового сознания (бет), трансформационного восхождения (вав) и божественной тайны (алеф) создает шаблон для духовной эволюции, который остается доступным с помощью этих букв иврита.

ЧЕТЫРЕ СФЕРЫ БОЖЕСТВЕННОЙ ВСТРЕЧИ

Исход 19:3 (НРП): Моисей **взошел** к Богу. Господь **обратился** к нему с горы и сказал: «Скажи дому Иакова, народу Израиля".

Слово "взошел" — это первое слово восхождения, — לה — которое обсуждалось ранее в книге.

Слово "обратился" в фразе "Господь обратился к нему с горы", это еврейское слово "кара" (קרא'), которое в первую очередь означает "вызвать, объявить, призвать, и поклониться".

1. ВЫЗОВ

Первая сфера началась с призыва Яхве: Бог призвал Моисея войти в Свое божественное присутствие. Это было не просто приглашение, а фундаментальная перестройка духовной ДНК Моисея, настройка, готовящая его принять вес славы, с которой ему предстояло столкнуться. Это призвание активировало дремлющие духовные частоты в духе Моисея, подготавливая его к смене измерений, которую ему предстояло испытать. Божий вызов сформировал квантовый мост, построенный на основе той самой песни творения, которую Яхве спел над Моисеем, высвободив его к существованию на земле.

Исход 3:4 "Господь увидел, что он идет смотреть, и воззвал к нему Бог из среды куста, и сказал: Моисей! Моисей! Он сказал: вот я!".

Когда имя человека произносится дважды, это имеет важное значение в еврейском мистицизме, предполагая призвание как в низшие, так и в высшие сферы.

БОЖЕСТВЕННОЕ ПОЗИЦИОНИРОВАНИЕ

Бог сделал публичное объявление, призвав Моисея в духовное царство. Господь позвал его и провозгласил сыном, взошедшим на гору.

Псалом 2:7 (НРП) "Возвещу волю Господа. Он сказал Мне: «Ты Сын Мой, сегодня Я родил Тебя".

Это провозглашение резонировало как в видимой, так и в невидимой сферах, установив власть Моисея во многих измерениях. Данное объявление отражало прибытие Моисея ко двору Божьему, дарующее ему космическое разрешение перемещаться по духовным территориям.

Евреям 12:22-24 "Но вы приступили к горе Сиону и ко граду Бога живого, к небесному Иерусалиму и тьмам Ангелов, к торжествующему собору и церкви первенцев..."

ПРИЗЫВ БОЖЕСТВЕННОЙ ИДЕНТИЧНОСТИ

Признание природы Моисея как Элохима было не просто символическим титулом: оно обозначало его положение, наделенное властью. Определение "сынов Божьих" как Элохимов (которое Иисус позже подтвердил, столкнувшись с фарисеями) раскрыло нашу божественную родословную как отражение образа Яхве. Мы принадлежим к колену Элохим — Яхве призвал к жизни божественное положение Моисея, пробудив в нем скрытые семена небесного происхождения.

Текст Зоара (проверено по виленскому изданию): "Когда по воле Святого, да будет Он благословен, возникло желание сотворить мир, Он зажег одно пламя из светильника сурового суда и подул духом на дух, и они были включены один в другого, и Он создал один образ. И этот образ является партнерством всего, высшего и низшего, и это элохим".

В тексте "Зоара" обсуждается взаимосвязь между людьми и именем Элохим: "Когда человек выполняет заповеди Торы и ходит ее путями, тогда его называют Элохим".

Исход 7:1 "Но Господь сказал Моисею: "Смотри, Я поставил тебя Богом [элохимом] фараону".

Псалом 81:6 "Я сказал: вы — боги [элохимы], и сыны Всевышнего — все вы".

Иоанна 10:34-36 "Иисус ответил: "Разве в вашем Законе не написано: «Я сказал: вы — боги»? Если богами названы те, кому было дано слово Божье, а Писание не может быть упразднено, то как же вы смеете говорить, что Тот, Кого Бог освятил и послал в мир, кощунствует, потому что Я сказал: «Я — Сын Бога»?

3 Енох 4:1-2 "Когда Святой, да будет он благословен, забрал меня из поколения потопа, Он вознес меня на крыльях ветров Шекины на высочайшие небеса... Он сотворил мне трон, подобный трону славы".

2. ИЗМЕРЕНИЕ ПОКЛОНЕНИЯ

Быть распростертым перед Яхве представляет собой нечто большее, чем физическое преклонение колен — это приведение своего многомерного существа в полное соответствие с божественной частотой Его образа: Он достоин всего. Эта форма поклонения создает резонансное поле, позволяющее глубже проникать в божественные сферы благоговения — от поклонения к поклонению, к становлению поклонением.

Чтобы свести это воедино, духовные сферы исследуют глубокую духовную трансформацию Моисея через четыре взаимосвязанных измерения, которые все происходят от еврейского слова "кара" אָרָק. Все начинается с божественного призыва, который ведет к тому, что Моисей претерпевает фундаментальную перестройку своей духовной сущности и подготавливается к божественной встрече, наполненной славой. Этот первоначальный зов Бога создает "квантовый мост", соединяющий Моисея с его изначальной божественной целью. Далее этот призыв плавно переходит в то, что Бог публично ставит Моисея на определенную позицию, устанавливая его авторитет в различных духовных сферах. Это провозглашение служит официальным признанием Небесами его статуса, соединяя видимую и невидимую сферы. Такое позиционирование открывает дверь в следующее измерение: обращение к божественной идентичности. Благодаря этому раскрывается природа Моисея как элохима, соединяющая его с более широким божественным происхождением и предназначением. Наконец, кульминацией этих трех измерений становится измерение поклонения, в котором все существо Моисея настраивается на божественные частоты, звук Яхве. Эта заключительная стадия выходит за рамки физического преклонения, представляя собой полный многомерный резонанс с божественной природой: она превращает Моисея из того, кто поклоняется, в воплощение самого поклонения.

ОТКРОВЕНИЕ О МАТРИЦЕ (ОТ קרא К קרב)

Вот интригующее открытие: слово "призывать" (קָרָא) означает "сталкиваться" или "встречаться". Интересно, что при замене буквы "א" (чудеса) в слове "קרא" на букву "ב" (храмовое проявление чудес) получается слово "קרב" — "утроба"... которое также несет в себе смысл "матрица". В этом контексте человек — это "ב" (bet), храм, воплощение матрицы восхождения. В лингвистической трансформации от "קרא" (призыв/встреча/инкаунтер) к "קרב" (чрево/матрица) раскрывается прекрасная мистическая истина: опыт восхождения на самом деле является входом в духовное лоно, где происходят рождение и трансформация. Эта матрица выполняет несколько функций:

- Она служит инкубационной камерой для духовной метаморфозы

- Она функционирует как центр загрузки божественных откровений и мудрости

- Она действует как зона калибровки, где человеческое сознание может безопасно настроиться на более высокие духовные частоты

Сфера этой матрицы представляет собой квантовое поле божественных возможностей. Когда Бог призвал Моисея войти в Его божественное присутствие, тот обнаружил, что окружен матрицей своего божественного предназначения, своей горой. В этом священном пространстве Моисей полностью погрузился в обрамленные возможности своей судьбы. Преобразование "קרא" в "קרב" — это не просто игра слов — это указание, как отвечать на божественное призвание (קרא), что превращает наше существование в живой храм (ב), способный принимать и проявлять Божественную реальность. Это делает каждое восхождение переживанием не просто личного возвышения, но божественной связи с духовным наследием.

ОБРАЗ ХРИСТА ВНУТРИ

Намерение Яхве состояло в том, чтобы открыть Моисею вечные тайны и то, что произойдет, когда Иисус будет жить в сынах Божьих, истинных храмах. Следовательно, Моисей должен был испытать нечто экстраординарное, ощущение Христа внутри себя, еще до Его внешнего проявления, что демонстрирует вневременной план трансформации; как пред-эхо сознания Христа предполагает, что:

- Божественное пребывание внутри человека не ограничено линейным временем.

Иоанна 8:58 "Прежде нежели был Авраам, Я есмь"

- Образ Христа встроен в ткань творения.

Колоссянам 1:15-17 (НРП) "Он — видимый образ невидимого Бога, и Он — первородный над всем творением... Он существовал прежде всего, и все творение держится благодаря Ему".

Опыт восхождения соединяет нас с вневременной реальностью, выходящей за пределы истории, но навстречу судьбе.

Екклесиаст 3:11 (НРП) "Он создал все прекрасным в свое время. Он также вложил осознание вечности в сердца людей".

"Сфера матрицы — это архитектура трансформации, где божественный план взаимодействует с человеческим сознанием. В этом пространстве прошлое, настоящее и будущее сходятся воедино, открывая доступ к вневременной вечности".

Матрица функционирует одновременно как колыбель для духовного развития и трамплин для путешествий по измерениям. Бог призвал Моисея в матрицу, в духовную утробу и во внутренние покои его собственной горы.

ДОМА СОЗВЕЗДИЙ УПРАВЛЕНИЯ

Исход 19:3 (НРП) "Моисей взошел **к** Богу. Господь обратился **к** нему с горы и сказал…"

Еврейское слово, обозначающее "к", — "אל", также означает "в". Господь обратился "внутрь" Моисея, активировав его дыхание, опутав его существо и воспламенив его цель и предназначение. Это божественное дыхание — та самая творческая сила, которая призвала все существующее к бытию, проникла в саму суть сознания Моисея, преобразовав его на квантовом уровне духовной реальности. У Моисея была встреча лицом к лицу с Богом, когда он восходил В Бога.

Здесь, в Священном Писании, Бог — это Элохим, божественность во множественном числе, великолепный совет божественной власти и могущества. Подобно входу в космический тронный зал бесконечных измерений, Моисей "вознесся" в царство богов, Элохимов. Сама атмосфера была наполнена божественным присутствием, каждый вдох затягивал его все глубже в небесную реальность, где земная физика не имела власти.

Именно из этого царства, вероятно, на советах, Яхве (личное, близкое имя Бога в интимном завете), а не Элохим, воззвал к нему, установив личный завет близости. Этот переход от Элохима к Яхве знаменует переход от советов к интимной, личной встрече с Самим Царем. Моисей пережил встречу с советами богов и тронами на горе, куда эти существа света и силы приходили в вечные дворы, но именно Царь Царей призвал его, вовлекая в объятия божественного общения, которое навсегда отметило его как человека, познавшего Бога лицом к лицу. Эта гора стала чем-то большим, чем физическая вершина: она превратила Моисея в живые врата между мирами, где созывались божественные советы и дыхание Бога определяло судьбы.

Исход 19:3 (Дословный перевод NIV):

"…Вот что ты должен сказать **потомкам** Иакова и народу Израиля".

Обратите внимание на различие между потомками Иакова и народом Израиля, поскольку оно имеет большое значение. Во время этой встречи, в процессе восхождения, был активирован голос Моисея: он пришел изо рта, соединив взвешивание и новую одежду с обретением нового голоса. Несмотря на предыдущие трудности с речью, Яхве активировал извечный звук Моисея. Освобожденные от рабства Израильтяне собрались перед горой, но Бог специально поручил Моисею обратиться к потомкам Иакова, которые были отцами двенадцати колен Израилевых. Еврейское слово "потомки" — "בית (ба-йит)", что переводится как "Храм", это слово подчеркивает их связь с домами созвездий, подключенных к сферам управления, и со складами и тайнами.

Раввин Симеон в тесте "Зоара" сказал: "Когда Святой, да будет Он благословен, собирался сотворить мир, Он советовался с душами праведников и с небесной семьей наверху. Он сказал: "Сотворим человечество по образу нашему, по подобию нашему" (Бытие 1:26). Этот совет проводился с небесной семьей и душами праведников, чтобы творение было установлено с мудростью и советом в гармонии с высшим и низшим мирами. Благодаря включению праведных душ, мир был сформирован с качествами милосердия и справедливости, создав основу, сбалансированную между небесами и землей. Таким образом, человечество было создано по образу и подобию обоих миров, соединив все творение воедино в божественной гармонии".

Иов 38:31-33 (НРП): "Властен ли ты затянуть узел Плеяд и развязать пояс Ориона?... Известны ли тебе уставы небес? Можешь ли ты их власть утвердить на земле?"

Когда Бог повелел Моисею говорить, произошло глубинное духовное переплетение с потомками Иакова, которые проявилось в народе Израильском на физическом уровне. Он говорил во "врата освобождения творений". Потомки воплощают их как священные храмы ב, двенадцати колен Иакова, но также символизирующие матрицу звездных систем. Каждое племя представляло собой небесный знак, причудливо расположенный на духовной плоскости Маззарота.

1 Енох 72:1 "Книга о движении небесных светил, взаимоотношениях каждого из них в соответствии с их классами, их владычеством и временами года..."

Моисей обнаружил, что перед ним стоит задача установить связь с храмовыми домами каждой племенной системы в духовном царстве. Его целью было раскрыть мандаты и свитки, которые содержали первоначальное намерение для каждого колена Израилева. Это был не просто вопрос о том, чтобы быть потомками Иакова, но полный переход к тому, чтобы стать народом Израиля, народом обетованного наследия.

Когда Бог велел Моисею говорить, тот осознал свою власть в духовной сфере. Бог даровал ему жезл царствования, позволив ему управлять коленами и передать их судьбы народу Израиля. Данная задача выходила за рамки простой передачи послания: Моисей должен был принять свою роль царя и активно взаимодействовать с коленами в духовном царстве. Благодаря этому взаимодействию он управлял ими и раскрывал уникальные дары и цели, которые они несли для народа Израиля. Судьба, которая была заключена в памяти о небесных водах. Это означает глубокое воздействие, которое происходит, когда мы вовлекаемся в процесс восхождения.

Свидетельство о Левии 8:2-3 "И увидел я семерых мужей в белых одеждах, которые говорили мне: "Встань, облекись в одежды священства, и в венец праведности, и в оракул понимания..."

Бог откроет вам вашу роль в управлении духовной сферой. Это может начаться с небольших заданий, а возможно вы уже занимаетесь этим некоторое время. Ваша роль может быть значимой, независимо от ее размера или характера. Важно то, что Иисус возлагает на вас ответственность за надзор за храмами и престолами в духовном царстве по мере вашего восхождения. Ваша цель — управлять с этих позиций и исполнять свое собственное призвание. Вы занимаете свои позиции в небесных сферах, где весь космос вращается вокруг Божьего престола. Вы восходите, и Бог сажает вас на престолы для управления физическим миром. Молитва развивается, поэтому полагаться исключительно на то, чтобы постоянно просить обо всем Иисуса — это все равно что говорить как ребенок. Этого будет недостаточно, потому что Иисус хочет, чтобы вы приняли свою позицию в духовном царстве как сын Божий, как элохим. Некоторых это может выбить из колеи, однако пришло время выйти за рамки основ: Иисус даровал вам власть, поэтому устанавливайте законы и действуйте.

Иисус возложил на вас ответственность за управление духовным царством, независимо от размера или характера вашей роли. Примите свое положение сына Божьего и устанавливайте законы, ибо вы занимаете положение в небесных сферах, которое влияет на физическую сферу. Пришло время выйти за рамки основ и выполнять свое предназначение со властью.

ВОДЫ ВЕКОВ

Исход 19:9 (НРП): "Господь сказал Моисею: «Я **приду** к тебе в густом **облаке**, чтобы народ услышал, как Я говорю с тобой и навсегда поверил тебе». Моисей передал Господу, что сказал народ".

Еврейский термин, используемый для обозначения "приду", снова звучит как "бо" "בוא" — "приходить и уходить", а "к тебе" — это слово "אל", то есть "в " или "внутрь вас".

Это означает не просто внешнее посещение, а внутреннюю трансформацию, когда бесконечное входит в конечное. Оно представляет собой полное состояние экстаза, божественное сплетение: плотное облако, внутри которого проявляется Яхве, содержит не просто физический пар — оно несет в себе кристаллизованную мудрость веков; каждая капля взвешена в совершенной гармонии, вибрируя с частотой божественных тайн.

Текст Зоара описывает этот отрывок так: "Когда Моисей восшел в облако, это было не просто физическое облако, а скорее одеяние из света, плащ, который позволял ему воспринимать высшие сферы. Это облако служило щитом и преображающим состоянием, позволяя Моисею приблизиться к божественному огню и узреть Его тайны. Благодаря этому одеянию из света он преодолел ограничения земного восприятия, войдя в состояние сознания, настроенного на божественное. Окутанный этим облаком, Моисей смог приблизиться и получить мудрость, которая выходила за пределы обычного понимания".

Мудрость Соломона 7:25-26 "Ибо она есть дыхание силы Божьей и чистое влияние, исходящее от славы Всемогущего... Ибо она — сияние вечного света, незапятнанное зеркало силы Божьей".

Облако служит метафизическим интерфейсом, мембраной между измерениями, где сходится естественное и сверхъестественное. Когда Моисей восходит и соприкасается с этой Небесной памятью, он становится живым проводником сверхъестественных откровений. Облако становится порталом трансформации, где каждая частица содержит закодированную мудрость, ожидающую раскрытия через божественное общение. Этот священный туман несет в себе ДНК самого творения — строительные блоки реальности, которые реагируют на пробужденное сознание.

1 Еноха 14:8-9 "И вот, я увидел облака: и они звали меня в видении; и туманы звали меня; и движение звезд и молний подгоняло меня и вызывало во мне желание".

Процесс восхождения провоцирует качественный скачок в духовной власти. По мере того, как мы поднимаемся в эти высшие измерения осознанности, наша способность действовать как в духовной, так и в физической сферах расширяется в геометрической прогрессии. Каждая встреча перестраивает наши духовные чувства, позволяя нам воспринимать реальность и взаимодействовать с ней. Память о воде внутри облака становится живой библиотекой космической мудрости, доступной через состояния возвышенного сознания.

Яхве организовал эту демонстрацию не только для блага Моисея, но и для того, чтобы установить образец для всех, кто последует его примеру, показав, что подлинное духовное восхождение проявляется осязаемыми доказательствами как в видимой, так и в невидимой сферах. Когда сознание расширяется до этих божественных измерений, переживание может показаться вам слишком экстраординарным, и все же оно более реально, чем наша ограниченная физическая сфера. Это расширенное состояние бытия позволяет нам функционировать, привнося небесные реальности в земные ситуации.

Авторитет, приобретенный в духовных сферах, закрепляется в нашем существе, когда мы полностью принимаем это возвышенное сознание и действуем исходя из него. Однако сомнения и нерешительность могут создать сопротивление в этом процессе, заставляя наше сознание сжиматься, а не расширяться. Само Творение резонирует с пробужденным сознанием и реагирует на него: оно ожидает, что сыны Божьи будут действовать из этого состояния знания и власти.

Во время этого духовного путешествия будут постоянно

раскрываться новые слои откровения и трансформации: соприкасаясь с этими тайнами, мы не только наблюдаем за ними — они "переваривают" нас, превращая в живые выражения божественной реальности. Каждая встреча меняет наше понимание и расширяет способность проявлять власть царства во всех сферах влияния. Этот процесс не только открывает то, что мы воспринимаем, но и изменяет то, кем мы становимся — живыми вратами, через которые небесные реальности могут перетекать в земной опыт.

2 Ездры 14:37-40 "Тогда я был источником понимания, мудрости и познания... мое сердце изрекало понимание, и мудрость росла в моей груди, ибо мой дух укреплял мою память".

"Прими тайны вод, ибо в них заключена сила разблокировать твою истинную сущность и сотворить твою реальность. Оно снимает замки с того, что нам позволено увидеть, во что мы вовлекаемся и во что мы трансформируемся".

Разблокированное творение отвечает своему первоначальному замыслу, а восхождение позволяет нам участвовать в этом процессе. Моисей испытал это, когда столкнулся с водами небесных сфер в облаке славы. Эти переживания раскрыли первоначальную память и намерение об отношениях Яхве с Моисеем. Он дает вам возможность встретиться лицом к лицу с этой изначальной памятью, открывая истину.

Подобно Моисею, вышедшему из облака с лицом, излучающим божественный свет, наше внутреннее существо становится все более ощутимым для окружающих. Ваш дух становится ощутимым присутствием: он перестает быть просто метафизическим концептом, но начинает проявляться в физической сфере. Когда вы входите в помещение, окружающие ощущают изменение атмосферного напряжения, подобно ощущению заряженного воздуха перед дождем. Духовная частота, которую вы несете, становится все более резонансной, воздействуя на квантовую ткань самой реальности. Точно так же, как люди разных вероисповеданий говорят о своей ауре, ваше духовное влияние приобретает осязаемую форму. По мере того как ваше сознание расширяется, влияние вашего духа на окружение становится сильнее.

Творение реагирует на завершенность, которую оно видит в вас. Жизнь нового творения требует аналогичного подхода. Тогда как многие люди борются и чувствуют разочарование в своей молитвенной жизни, практика восхождения может помочь им объединить ее. Я говорю о том, чтобы "быть", а не просто "делать". Подобно дирижеру, управляющему оркестром, вы устанавливаете законы и определяете течения духа в этих сферах. Сама ткань реальности реагирует на ваше пробужденное состояние сознания, как и в случае с Моисеем: его восхождение пробудило веру людей, поскольку они стали свидетелями осязаемых доказательств его восхождения.

Когда вы пробуждаетесь к своему божественному сознанию, это создает волновой эффект в духовном мире вокруг вас. Мне посчастливилось встречаться с такими духовными фигурами, как Моисей, Иезекииль и Авраам. Подобно тому, как свет огибает массивные небесные тела, кажется, что сама реальность огибает тех, кто достиг высших состояний сознания. Точно так же, как беседовать с моим братом, Джастином Полом Абрахамом, у которого есть личный опыт общения с Енохом. Джастин говорит с сильной убежденностью, и его авторитет основан на его подлинной духовной сущности. Восхождение выходит за рамки простого опыта — оно вырастает в одеяние, которое окутывает вашу сущность, постоянно изменяя вашу духовную суть и сопровождая вас в каждом путешествии.

БОЖЕСТВЕННОЕ ЯВЛЕНИЕ

Истинная сила заключается в том, чтобы принять свою божественную сущность

И целенаправленно идти по жизни.

Как сыны Божьи, мы правим неисчислимыми царствами,

Каждый шаг пробуждает древнюю мудрость и смелость.

Старые пути исчезают, как тени на свету,

По мере того как восходит новое творение, блестящее и сияющее.

Ибо трансформация призывает нас к восхождению,

Где пути небес сливаются с земными целями.

Мы пойдем дальше незнакомыми доселе путями,

Но через божественное выравнивание мы будем вести за собой.

Появляется новый подход к этому пробужденному состоянию,

По мере того, как мы делаем шаг, чтобы творить.

В глубокой тишине голос нашего духа становится яснее,

Открывая истины, которые нам суждено сейчас услышать.

Ибо в этом священном пространстве сознательной благодати,

В наших руках есть сила преображения.

ТВОЯ
ВНУТРЕННЯЯ
НЕБЕСНАЯ
ЛЕСТНИЦА

Исход 19:10-11 (НРП) Господь сказал Моисею: "Пойди к народу и освяти его сегодня и завтра. Пусть они выстирают одежду и приготовятся к третьему дню, потому что тогда Господь сойдет на гору Синай у них на глазах".

Моисей взошел, Яхве сошел. Бог поставил Моисея на позицию "Вав" (ו), чтобы тот мог стать небесной лестницей в духовную сферу.

Из текста **Зоара**: "Вав — это столп, простирающийся от небес до земли, объединяющий верхнюю и нижнюю сферы. Это линия, соединяющая высший и низший миры, поддерживающая поток божественной энергии. Когда Вав завершена, она объединяет мужской и женский аспекты, соединяя их в одно целое. Этот союз является основой гармонии в творении, ибо только когда мужчина и женщина связаны вместе, божественное благословение течет свободно, наполняя все миры светом и поддерживая жизнь. Следовательно, Вав символизирует канал, через который верхние и нижние сферы приводятся в соответствие и единство".

Вы — царство освобождения, подобное ключам, упомянутым в Евангелии от Матфея.

От Матфея 18:18-20 "Истинно говорю вам: что вы свяжете на земле, то будет связано на небе; и что разрешите на земле, то будет разрешено на небе. Истинно также говорю вам, что если двое из вас согласятся на земле просить о всяком деле, то, чего бы ни попросили, будет им от Отца Моего Небесного".

Ваше решение и действие активизируют ресурсы небес, создавая импульс обеспечения, во многом подобный откровению Иакова в Вефиле, где ангелы восходили и нисходили по духовной лестнице (Бытие 28:12-13). Эта модель божественного взаимодействия показывает нам, как небесная экономика реагирует на земные обязательства.

Сначала Яхве ввел Моисея в состояние восхождения, а затем Он сошел и говорил к людям, в сближении земной жизни с божественной, что демонстрирует божественный протокол возвышения перед откровением.

Царство духов действует через вас как через свою небесную магистраль, создавая живой мост между измерениями. Как говорится в отрывке из 1-го Послания к Коринфянам 6:19: "Не знаете ли, что тела ваши суть храм живущего в вас Святого Духа?" "Ваши слова имеют огромный вес, потому что у вас есть власть связать с собой всю духовную сферу, показывая истину о том, что мы являемся Его зеркальным отражением".

Прикоснитесь к своей внутренней небесной лестнице и станьте свидетелем соединения духовной сферы с вашей судьбой. Как в видении Иезекииля о колесах внутри колес (Иезекииль 1:15-21), существует божественный механизм взаимосвязанных духовных измерений, ожидающий приведения в соответствие с вашей целью.

С каждым восхождением в спирали вашей ДНК формируется лестница, создающая духовный путь и повышающая осознание вашей духовной позиции. Это отражает шаблон Моисея, когда тот взошел и активировал свою ДНК, духовный путь, сформированный в его осознании своей горы, что привело к нисхождению Яхве.

Практика восхождения активирует больше путей в вашей ДНК, формируя прекрасный гобелен связанности и единства. Это отражено в мудрости Соломона, сказавшего, что "Светильник Господень — дух человека, испытывающий все глубины сердца" (Притчи 20:27). Каждая активация создает новые слои духовного восприятия, как было у пророков древности, которые видели множество измерений реальности.

Духовные врата вашего существа реагируют на целенаправленное взаимодействие, создавая дороги Святости.

Исаия 35: 8 (НРП): "Там будет большая дорога; она будет названа Святым путем… он будет для Божьего народа".

Поднимаясь, подобно Моисею, по этим внутренним горам божественных встреч, вы превращаетесь в живую скинию, где частоты небес резонируют с земной материей, создавая симфонию божественного выражения через ваше существо.

ВНУТРЕННЯЯ НЕБЕСНАЯ СПИРАЛЬ

Исход 19:12-13 (НРП) "Установи для народа границу **вокруг** горы и скажи им: "Остерегайтесь подниматься на гору и касаться её подножия. Всякий, кто коснется горы, непременно будет предан смерти. Его забьют камнями или пронзят стрелами: его нельзя будет коснуться рукой. Человек ли то или животное — ему не жить". Лишь когда протяжно протрубит рог, они могут подниматься на гору".

В своем видении храма, пророк Иезекииль увидел архитектурное сооружение в виде круглой конструкции, которая поднимается и расширяется, с комнатами, постепенно увеличивающимися как по высоте, так и по размерам, божественную винтовую лестницу, ведущую к небесам (Иезекииль 41:7). Данный круговой шаблон зашифрован в еврейском слове "בוסמ" (мусаб) — это то же слово, которое Яхве использовал в Своем повелении Моисею установить границу "вокруг" горы. Это не простое совпадение, а раскрытый небесный план.

Духовный образец храма окружал основание самой горы Синай, как живое архитектурное проявление божественного порядка. Потомки, символизируемые еврейской буквой "ב" (бет), призваны вступить в этот священный план. Подобно тому, как семя содержит полный прообраз дерева, буква "ב" представляет собой наше осознание себя, как духовного храма, и оно должно расширяться и расти: Бог желает активировать и развивать положение своих детей как духовных гор.

Как говорит **Исаия 2:2**: "И будет в последние дни, гора дома Господня будет поставлена во главу гор и возвысится над холмами, и потекут к ней все народы".

Для управления тронами на горах и в небесных царствах требуется готовность расширить сознание своей собственной внутренней горы — стать живым храмом, который растет в духовных возможностях и власти. Следовательно, израильтяне не могли приблизиться к физической горе без надлежащего разрешения работать с планом храма — им была необходима подготовка. Значимость этой подготовки освещается в Евангелии от Иоанна 11:6, где Иисус, узнав о болезни Лазаря, в течение двух дней оставался на месте. Этот двухдневный период соотносится с еврейской буквой "ב", символизирующей "храм". Кажущаяся запоздалой реакция Иисуса не означает игнорирование — она соответствует божественному храмовому протоколу ожидания идеального расположения храмовой структуры, которая послужила бы средством для Его проявленного присутствия. Это отражено в наставлении Яхве Моисею: освещай народ два дня, на третий день приблизьтесь к горе, царству искупления и воскресения.

Храм служит избранным средством, с помощью которого Яхве раскрывает Свою природу и правление. Он одновременно и план, и живая структура, через которую проявляются реалии небесного управления. Пророческое очищение через крест позволило израильтянам полностью войти в свою роль храмов Святого Духа, как позже подтверждает Павел в **1-м Послании к Коринфянам 6:19**: "Не знаете ли, что тела ваши — это храм живущего в вас Святого Духа?"

Третий день символизирует не просто воскресение, а полную трансформацию: израильтяне, теперь пребывающие во Христе и завершенной работе креста, могли участвовать в планах Яхве на горе как воскресшие, вознесшиеся существа света, пробудившиеся к своей истинной природе и цели. Хотя мы существуем одновременно во множестве измерений, наше полное проявление в физической сфере раскрывается постепенно — это путь расширения и роста в полноту нашей небесной идентичности.

Данный процесс становления отражает структуру самого храма — вечно восходящего, вечно расширяющегося, навсегда закрепленного в божественном плане, установленном у подножия горы. Это живой парадокс одновременного завершения и непрерывного роста, во многом подобный самому царству Божьему, которое уже здесь, но все еще разворачивается в возрастающей степени.

НЕБЕСНЫЙ ЗВУК

Исход 19:13 (НРП) "Лишь когда протяжно протрубит рог, они могут подниматься на гору".

Почему звук шофара имел такое глубокое значение? Его духовный смысл выходит далеко за рамки церемониальной практики. Шофар служит частотным мостом между земным и небесным мирами, его отзвуки создают волны для призыва.

Пронзая завесу между мирами, этот трубный звук эхом разносится космическое объявление о том, что небеса вторгаются на землю.

Псалом 46:6 "Восшел Бог при восклицаниях, Господь при звуке трубном".

Как сыны Божьи, мы получаем божественную мантию, но мы должны подходить к этому небесному наследию в святой мудрости и следуя надлежащим духовным протоколам. Эти протоколы — не просто формальность, а божественные законы, устанавливающие живые мосты взаимоотношений, которые мы должны чтить с благоговением. Звук шофара становится слышимым воплощением нашего завета во Христе, его вибрации высвобождают полный спектр благословений, которые искупила кровь Христа, открывая древние врата для Израиля, позволяющие войти в свое наследие.

"Взойди, расширься и управляй престолами в небесных сферах, принимая сознание своей собственной горы".

На частоте небес звук шофара с громовой властью возвещает о завете, который мы заключили с Яхве, подготавливая сердца израильтян к взаимодействию с божественным и делая ощутимым их святой страх перед Господом. Звук шофара — это объявление юбилея, обрамляющее период свободы и избавления. Каждый резонансный звук трубы активирует ангельские сферы, расположенные у небесных врат, открывая сынам Божьим пути для прохождения пространственных порталов.

"Голос шофара поднимается и пробуждает другой голос наверху, и они объединяются в одно целое... Когда Израиль внизу трубит в шофар, все небосводы вверху приходят в движение, и голос возносится к небесному престолу".

Вот отрывок из текста **Зоара** о звуке шофара: "Когда внизу звучит шофар, все голоса, свыше называемые "шофар", приходят в движение: звук возносится и венчается свыше, пробуждая другой голос, и эти звуки переплетаются друг с другом, пока не достигают места, из которого исходит суд. Это совместное движение голосов приводит к равновесию суда и милосердия, и каждый из них поднимается, соединяя низ с верхом — звуки шофара создают гармонию в небесных сферах, объединяя все силы до тех пор, пока они не прибудут к месту, где свершится божественный суд. Таким образом, звук шофара внизу приводит в движение поток милосердия и сострадания свыше, влияя на суждения всего мира".

Звук шофара существует в виде живых, дышащих существ божественной частоты. Когда эти звуковые сущности пробуждаются от зова шофара, они поднимаются в высшие сферы, подобно небесным столпам. Как живые звуковые волны между мирами, они обладают врожденным интеллектом, распознавая свои зеркальные отражения в высших измерениях и реагируя на них. Эти небесные звуковые существа, вечно обитающие на верхних небосводах, нисходят, чтобы переплестись со звуком шофаров, создавая божественный танец объединения и активизации. Слияние этих звуковых сущностей образует живую вибрационную лестницу, где каждое переплетение создает звуковой портал восхождения. Благодаря этому священному акустическому браку звуковые сущности становятся служителями преображения, несущими молитвы, намерения и божественные указы между мирами. Они служат живым воплощением еврейского понятия "מְשַׁךְ", буквально притягивая небеса и землю в соответствие друг другу через объединенный резонанс.

"Звук шофара поднимается и пробуждает другой голос наверху, и они объединяются воедино, создавая гармоничную симфонию. Когда Израиль внизу трубит в шофар и запускает каскад движения в небесах вверху, все небосводы приходят в движение, и голос возносится к небесному престолу".

Еврейские тексты называют этот звук "מָסַךְ" (масак) —

"тянуть вверх" — лингвистический ключ, открывающий понимание звуковых свойств восхождения. Посредством мастерского управления звуком трубы, светом и частотой, Яхве настраивает космические силы, чтобы поставить израильтян на путь восхождения. Только когда эти священные частоты наполняют воздух, народу дается разрешение приблизиться к горе и пройти по ее восходящим путям, а каждый трубный зов отмечает новые территории духовного расширения и возможностей.

"Трубите в шофар, поднимайтесь с благоговением и открывайте скрытые тайны в сокровищницах утра".

Когда мы осознаем, что каждая частота несет в себе намерение, и каждая вибрация открывает определенные духовные врата, мы начинаем понимать, как звук может стать живой лестницей между мирами. Священное имя "Йод Хей Вав Хей" (יהוה), произносимое с пониманием, создает резонанс на уровне ДНК, который активизирует дремлющие духовные способности.

Мудрость священного звука выходит за рамки того, что мы слышим своими ушами — он находит отклик глубоко в нашем духе. Как это было для Моисея на горе, так это остается и для нас: звук несет коды восхождения, частоты трансформации. Каждый ищущий должен обнаружить свой уникальный резонанс, особую вибрацию, которая заставляет его дух подниматься и восходить на свою личную гору откровения, на которой находятся врата в неизведанные духовные сферы и глубокие встречи с божественным.

Сила священного звука превосходит простое слуховое восприятие: он отражается в глубинах нашего духа. Звук хранит секреты восхождения и является катализатором глубоких перемен. Каждый ищущий должен раскрыть свой индивидуальный резонанс, точную вибрацию, которая возвышает его дух и продвигает к личному просветлению.

УТРО ЗНАМЕНИЙ

Исход 19:16 (НРП) "**Утром** третьего дня были гром и молния, густое облако над горой и громовой звук рога. Все, кто был в лагере, задрожали".

В книге Исход 24:4 мы читаем: "Моисей записал все, что сказал Господь. На следующее **утро** он встал рано, построил жертвенник у подножия горы и поставил двенадцать памятных знаков по числу израильских родов".

"Утро" — это еврейское слово בֹּקֶר (бокер). Вот, как словарь описывает его значение: **жертва для знамений, то есть, жертва, принесенная божеству, чтобы получить информацию, обычно держащуюся в секрете"**.

Держу пари, вы такого не ожидали?

Иов 38: 12-13 (Дословный перевод AMP) "С тех пор, как начались твои дни, повелевал ли ты когда-нибудь утру и указывал ли заре место ее, чтобы свет мог проникнуть в уголки земли и стряхнуть с нее зло?"

Мистическое искусство повелевать утром בֹּקֶר — это духовная технология, которая позволяет нам управлять будущим, которое мы создаем; она призывает сынов Божьих участвовать в ежедневном обновлении творения. В еврейском мистицизме, особенно в каббалистической мысли, утро символизирует ежедневное воссоздание мира, когда божественный свет прорывается сквозь тьму хаоса, подобно изначальной фразе "Да будет свет".

Еврейское слово "בֹּקֶר" содержит в себе тайну гадания и пророчества, однако речь идет не о предсказании будущего, а о восхождении, которое отодвигает занавес между видимой и невидимой сферами, позволяя нам шагнуть в начало. "Повелевая утру", мы вступаем в космическое партнерство, становимся между ночью и днем, хаосом и порядком, сокрытием и откровением. Для подобной практики наше сознание должно быть приведено в полное соответствие с созидательной силой Бога, обновляющей все сущее. Поступая таким образом, мы можем формировать реальность, согласуя свою волю с божественным разрешением. Мистическое вовлечение в управление утром — это ежедневное восхождение, которое позволяет нам участвовать в продолжающемся возникновении творения, превращая рассвет в портал для божественного сотворчества.

"Когда был сотворен мир — воссиял божественный,

скрытый свет. Этот свет скрыт, но он появляется каждый день, чтобы обновлять творение, освещая миры вверху и внизу..."

Текст Зоара описывает, что каждый день мир обновляется изначальным, перворожденным светом, который исходил при сотворении мира. Будучи сокрытым, он все же непрерывно течет, поддерживая все существование. Без обновления этим скрытым светом, мир не смог бы просуществовать ни единого мгновения: каждое утро этот божественный свет обновляет творение, поддерживая баланс всех сфер и наполняя мир энергией, необходимой для поддержания жизни. Таким образом, свет первого утра скрыт, но каждый день он сияет заново, обеспечивая выживание и гармонию всего творения.

Сфера утра — это место божественного сближения, располагающее вас к постижению скрытых истин и купанию в божественном блаженстве. Шум земного царства стихает, в то время как оглушительный хор духовного царства усиливается, окутывая вас симфонией небесных вибраций.

Когда вы полностью принимаете свою роль как "элохим" во время процесса восхождения, вы прикасаетесь к глубокому знанию Яхве и получаете глубинное понимание сферы "בֹּקֶר" (бокер).

Восхождение — это не стремление чего-то достичь, а скорее раскрытие скрытых тайн, принятие своей истинной сущности и идентичности. В то время как слуги сосредотачиваются на делах, сыновья просто существуют и обретают свое подлинное "я". Когда вы открываетесь этому состоянию бытия, вы излучаете мощную частоту, которая привлекает к вам творение, распознающее божественный план внутри вас. Сыны, которые несут в себе эти шаблоны, — это те, кто практикует восхождение, потому что они воплощают это состояние бытия.

ИЗВЕЧНЫЕ ВРАТА

Исход 19:17 (НРП) "Моисей вывел народ из лагеря навстречу Богу, и они встали у **подножия** горы".

Еврейское слово "подножие" — это תַּחְתִּי (тахти); оно означает "ниже, под, т.е., относящиеся к пространству ниже другой точки отсчета, как глубины, или части ниже".

Перевод Арье Каплана **"Сефер Йецира" 1:5** "Он поместил их в Тоху (бесформенное) и Боху (пустое), поместил их в пустоту и вакуум. Он поместил их в глубины, погрузил в хаос и сформировал из них столпы существования".

У подножия горы Синай израильтяне стояли на пороге первозданного творения. Это место, известное как "יתחת" (тахти), отмечало границу между упорядоченным миром и загадочным "Тахомом" — глубокими древними водами бытия. Встав на границе формы и бесформенности, они воплощали мистическое состояние, существование "внизу", что согласуется с учением Сефер Йецира о том, как Яхве поместил основополагающие буквы в хаотические Тоху и Боху, предшествовавшие творению. Это означает их присутствие в изначальном хаосе, где заложен неоформленный потенциал. Израильтяне физически располагались у подножия горы, одновременно стоя у пропасти бесформенности, вглядываясь в Тахом, готовые принять священную структуру восхождения, которая преобразует хаос в космический порядок. Двойная тав (ת), обрамляющая слово "יתחת", создает священный сосуд, ее двойное присутствие говорит о завершении как физического исхода, так и духовной подготовки. В еврейском мистицизме "Тав" олицетворяет завет и печать творения, и ее двойное появление здесь предполагает запечатанную комнату, в которой преображение становится возможным. Подобно двум херувимам, охраняющим врата Эдема, эти близнецы Тав стоят как дугообразные врата на пороге откровения.

Сама гора приобретает новое значение, становясь живой осью, неким космическим столпом, соединяющим глубины Тахома с высотами божественного трона. Каждый шаг вверх представляет собой путешествие по небесным иерархиям, пересекающее сферы ангелов, престолов и княжеств в царстве Божьем. Точно так же, как в "Сефер Йецира" говорится, как Бог превратил буквы в "столпы существования", откровение на Синае установило столпы космического порядка посредством дарования Торы. В этот момент люди стояли на пересечении множества измерений реальности — их сознание "заземлилось" в хаосе Тахома, в то время как их дух тянулся к божественному трону наверху. Такое расположение создало идеальные условия для божественного перехода, поскольку они существовали между сферами божественно сформированного порядка и неоформленного человеческого хаоса.

Когда человек стоит у подножия горы, его сознание, рожденное из изначальных вод творения, стоит на пороге трансформации. Это путешествие, восхождение по небесным сферам, символизирует движение от микрокосма к макрокосму, приводя его к самому главному откровению и тайне.

Слово "יקחת" таким образом, становится не просто географическим маркером, а мистический шаблоном для встречи Бога с человеком. "Пустота и опустошение", упомянутые в тексте "Сефер Йецира", на Синае наполняются божественным присутствием. Подножие горы становится священным залом, где происходит преображение, где физическая сфера приобретает духовное значение благодаря божественному пребыванию в ней. Это демонстрирует, как, казалось бы, самая низкая точка (יקחת) может стать самой высокой точкой богочеловеческой связи, воплощая тот парадокс, что самые глубокие недра содержат потенциал для наибольших высот духовного возвышения.

КРАТКОЕ ИЗЛОЖЕНИЕ ПРОЙДЕННОГО ПУТИ: ОТ ПУСТЫНИ К БОЖЕСТВЕННОМУ СОВЕТУ

Необыкновенное путешествие Моисея на гору Синай открывает нам истину о нашем собственном потенциале к божественным встречам и духовному возвышению.

Древнееврейский язык раскрывает три различные

стадии восхождения, каждая из которых открывает новые измерения духовного опыта. Мы начинаем с измерения "הל" (ла), в котором божественное дыхание пробуждает нашу дремлющую духовную сущность. Первоначальное пробуждение (подобное тому, какое испытал Моисей возле горящего куста) приходит через близкие встречи с Божьим присутствием — это дыхание становится средством для нашего восхождения, поднимая нас выше, одновременно освобождая от того, что больше не служит нашему возвышению.

По мере достижения духовной зрелости мы сталкиваемся с измерением "אשׂנ" (Наса), где в нашей духовной ДНК обнаруживаются отголоски вечности. Эта стадия раскрывает присущее нам стремление к трансцендентности, пробуждая способности, зашифрованные в нас с момента сотворения мира. Наконец, мы достигаем уровня "סלק" (Салак), на котором мы вступаем в сферы небесного управления и пространственной власти. Здесь мы не просто посещаем высшие измерения: мы населяем их и управляем ими как сыны Божьи.

По мере размышления об этих стадиях восхождения, обнаруживается, что они служат ключами, открывающими как сознание, так и духовную власть. Подобно звуку рога на Синае, эти переживания стимулируют ваш дух, вознося вас в более высокие и глубокие сферы, одновременно преображая саму вашу ДНК. В рамках этого путешествия вы вступаете в глубокое наследие согласно Маццароту, неся благословения, изреченные над каждым коленом через кровное наследие во Христе.

Пустыня, где Моисей встретился с Богом, была не просто бесплодной землей — она представляла собой "уста" божественной частоты, место, откуда голос Небес доносится до земли. Точно так же каждый из нас несет в себе этот потенциал для божественной встречи. Мы воплощаем гору, становясь самой структурой восхождения.

Мы путешествуем по небесным сферам, где обитают боги и престолы, сферам, с нетерпением ожидающим активации нашей лестницы восхождения и высвобождения небесных мандатов для нашего процесса.

Центральное место для понимания этого процесса занимает концепция духовных одежд — вибрационных, не физических "интерфейсов", позволяющих нам гармонировать с частотами различных измерений. Данные одеяния помогают нам ориентироваться в духовных сферах, имея при этом на себе особые знаки власти. Они представляют собой постепенные уровни сознания и духовных способностей, до которых мы созреваем по мере своего восхождения.

"Матрица восхождения" возникает как космическое лоно, в котором бесконечный потенциал преобразуется в реальность. Это священное пространство служит одновременно инкубатором и катализатором, где божественные возможности вынашиваются, прежде чем проявиться в нашем мире. Внутри этой матрицы мы претерпеваем глубокую трансформацию, наполняясь откровением и настраивая сознание на более высокие частоты духа.

Во время восхождения мы встречаемся с ангелами огня, которые помогают в преображении, взвешивании и расширении нашего сознания, точно так же, как когда-то они привели Моисея к горящему кусту на Синае. В духовном смысле каждое восхождение переплетается с этим божественным огнем, создавая возможности для трансформации и управления. Эти встречи предназначены не только для достижения высших сфер — они служат для получения скипетров власти для управления в духовной сфере.

Встреча с неопалимой купиной раскрывает еще одно важное измерение — доступ к божественным советам, где небесные существа собираются для небесного управления.

Эти советы остаются действующими сферами, куда нас приглашают для участия в духовном управлении: через Христа у нас есть власть взаимодействовать с этими сферами и получать небесные поручения.

Звук играет жизненно важную роль в этом путешествии, особенно звук шофара. Эти священные частоты создают живые мосты между измерениями, неся божественное намерение и открывая духовные порталы. Сами звуки становятся живыми существами, разумными носителями небесной частоты, облегчающей передвижение между мирами.

Затем мы узнаем о "повелении утру" — ежедневной возможности участвовать в божественном творчестве и обновлении. Каждый рассвет представляет собой портал для сотворчества с Богом, где мы можем формировать реальность с помощью согласования с Его волей и божественного разрешения.

По мере достижения зрелости в восхождении, мы открываем все больше дверей, ведущих к ощутимым проявлениям в нашем физическом окружении. Из огня нашей горы Иисус говорит с нами лицом к лицу, приглашая нас расположиться внутри этого божественного огня и исследовать различные огни в небесных сферах по мере нашего дальнейшего продвижения.

На этом пути восхождения нам предлагается взаимодействовать с духовным переплетениями, небесными существами и божественными советами. Яхве хочет, чтобы мы управляли конкретными сферами, будь то в работе, семье или в углублении своих отношений с Иисусом, и призывает нас искать Своего руководства в этом. В ходе этого процесса мы обнаруживаем, с какими ангельскими существами нам нужно взаимодействовать, и понимаем ответственность, связанную с вверенными нам сферами.

Благодаря завершенной работе Христа все Божьи сыны теперь имеют доступ к этим сферам духовного переживания и власти. Вместо того чтобы просто восхищаться опытом Моисея на расстоянии, мы призваны к еще более великим встречам. Тренируя свои духовные чувства, мы учимся воспринимать множество измерений реальности и взаимодействовать с ними, привнося небесную перспективу в каждую сферу влияния.

Благодаря этому расширенному путешествию мы осознаем, что восхождение — это не просто личное возвышение, это переживание, когда само творение обращается к нам за самореализацией. Когда мы вступаем в эти сферы власти и присутствия, каждое наше переживание становится ступенькой к более великому проявлению реальности небес на земле.

"Процесс восхождения раскрывает внутреннюю божественную силу, преображая нашу ДНК и продвигая нас к более высоким сферам. Принимая на себя роль сынов Божьих, мы становимся горой восхождения, путешествуя по небесным сферам памяти".

ГОРА ВОСХОЖДЕНИЯ

В пламени Синая дух воспаряет, как горящий куст, священным светом сияя.

לה (Ла) пробуждает, божественным дыханием наполняет, это Божья искра, что в сердцах сохранена. От цепей свободно встав, мы парим в неограниченных мирах, и жаждем большего в своих сердцах.

נשא (Наса) напевает древнюю песнь, трансцендентность зовет нас туда, где наше место есмь. Вечное эхо огонь разжигает, глубокое желание в нас пробуждает. Внутри нас течет бесконечный поток — творения мечты суть и исток.

סלק (Салак) суверенный призыв наш венчает, там, где сыны Божьи всё населяют. Мы более — не искатели, а правители, стоим со скипетрами, рукой небес выкованными. Гора горит, разорвана завеса — в божественном огне рождается душа.

Пустыня вещает звуками неба, где сферы невидимые находятся в свете. Мы носим одежды высоких частот, вибрации Неба дерзать нас зовут. Мы день создаем гласом утренней песни, и все сотворенное вторит Небесному.

Пришло уж время, сын, взойди — направь огонь, и страх свой усмири. Творение стенает в ожидании увидеть Божьих сынов в величия одеяньях.

АКТИВАЦИЯ ВОСХОЖДЕНИЯ

Представьте себя стоящим у подножия величественной горы, олицетворяющей вашу личную гору Сион. Позвольте своему сознанию погрузиться глубоко в мистическую сферу Тахома (תהום), где три стадии восхождения ожидают своего обнаружения. Почувствуйте божественное дыхание "לה" (Ла), возникающее внутри вас, пробуждая вашу дремлющую духовную сущность, так же, как это было, когда она пробудила ее в Моисее у горящего куста.

Глядя на гору, обратите внимание на серафимов, огненных ангелов, окружающих вас: это те же самые огненные ангелы, которые привлекли Моисея к его божественной встрече, и теперь они тут, чтобы помочь вашему преображению. Сосредоточьте свое воображение на символе Вав "ו", расположенном в центре горы и символизирующем вашу ДНК в состоянии восхождения. Почувствуйте, как внутри вас активизируется стадия "נשא" (Наса), пробуждая вечные отголоски, закодированные в вашей духовной ДНК с момента сотворения.

Постепенно приближайтесь к горе, и, стоя у ее подножия, помните, что вы — ב, структура храма. Посмотрите вниз и представьте себя стоящим в царстве Тахом. Вас окружают троны, занятые божественным советом, самими элохимами, внимательно наблюдающими за тем, как вы вступаете в свое наследие, воплощая Маццарот. Почувствуйте, как растет и расширяется ваш дух, становясь единым целым с самой горой. Вы воплощаете символ Вав "ו", и ангелы огня поднимаются по лестнице вашей ДНК, продвигаясь вверх благодаря вашим духовным одеждам — тем вибрационным интерфейсам, которые позволяют вам гармонизировать с частотами различных измерений.

Из глубин тахома ощутите, как тайны Царства поднимаются по лестнице вашей ДНК. Ваше сознание расширяется до "סלק" (Салак), где вы вступаете в сферы небесного управления.

Станьте свидетелем того, как внутри горы открываются врата, и узрите приближающегося к вам Моисея. Он окутывает вас своей мантией восхождения, не просто физическим покровом, а духовным одеянием, несущим особые знаки власти. Помните, что у вашей жизни есть свой собственный уникальный план, похожий на мантию Моисея, которая представляет собой образец божественной встречи.

По мере того, как вы погружаетесь в это переживание, позвольте своему духу активироваться в матрице восхождения — в этом космическом чреве, где бесконечный потенциал превращается в реальность. Закутавшись в мантию, слушайте резонирующий звук шофара. Его священные частоты создают живые мосты между измерениями. Настройтесь на эти уникальные частоты и найдите ту, которая резонирует с призванием вашего духа управлять в духовной сфере.

Теперь представьте другой звук шофара, исходящий с вершины горы. Он означает раскрытие явного присутствия Яхве и ваше приглашение на божественный совет. Погрузитесь в эту сферу, представляя, как ваш дух проникает сквозь густой туман Его божественного присутствия. Примите нежную ласку воды, стекающей по вашему лицу, каждая капля которой — яркое воспоминание о Его сущности, переплетающейся с вашим существом, пробуждая ваше положение в небесном правлении.

Великолепие Яхве танцует и кружится как вокруг, так и внутри вас. Услышьте раскаты грома и станьте свидетелем захватывающего дух блеска молнии — частот, резонирующих от Его всемогущего присутствия. С благоговением замечайте, как сущность א вырывается наружу из Его божественного существа, повелевая утром и участвуя в божественном творчестве. Вглядитесь в запредельное, ощущая живую духовную активность, окружающую вас на этих небесных советах.

Без особых усилий перемещайтесь между мирами, встречаясь с Яхве лицом к лицу в обстановке этого божественного совета. Серафимы грациозно окружают вас и Его, в то время как величественные троны выстраиваются вокруг, наблюдая за великолепной встречей, которая воспламеняет ваш дух, душу и тело. Тайны продолжают течь через ваш дух, извергаясь подобно вулкану, загружая откровения и настраивая ваше сознание на более высокие частоты Духа.

Густое облако славы окутывает вас, по мере того как вы участвуете в этой личной встрече с Яхве в рамках Его совета. В этом священном пространстве откройте глаза и расширьте свое сознание для этой новой сферы власти. Почувствуйте вес своего духовного скипетра, входя в свою роль в духовном управлении. Мы хотим пребывать в этом царстве и действовать оттуда непрерывно, привнося небесную перспективу в каждую сферу влияния.

Пусть эта активация зажжет откровение внутри вас, преобразуя вашу ДНК и пробуждая вас к вашему глубокому наследию во Христе.

ТАЙНА ВООБРАЖЕНИЯ

Колоссянам 3:1-2 (НРП) "Итак, если вы были воскрешены со Христом, то стремитесь к небесному, туда, где Христос сидит по правую руку от Бога. Обращайте ваши мысли к небесному, а не к земному".

В переводе Библии "Зеркало" приведенный выше стих описывается следующим образом: "Узрите себя воскрешенными со Христом! Теперь обдумайте с убеждением последствие вашего соучастия в Нем. Переместите себя мысленно! Перенесите свои мысли в реальность тронного зала, где вы восседаете вместе со Христом на месте исполнительной власти по правую руку Бога. С любовью познакомьтесь с мыслями о тронном зале — это убережет вас от того, чтобы снова отвлекаться на земное".

Используйте свое воображение как ключ к перемещению. Развивайте свое воображение, ибо это не ворота для притворства, а мощное средство проявления реальности. Воображение должно выйти за рамки простого притворства и превратиться в грозную силу, способную формировать саму реальность. С его помощью вы можете обрести более глубокое понимание духовной сферы и представить себе самые необычные мечты, какие только можно вообразить.

Послание к Ефесянам 2:6 (Перевод "Зеркало")

"Мы включены в Его воскресение. Мы также возвышены в Его вознесении, чтобы в равной степени присутствовать в тронном зале Небесного царства, где мы восседаем вместе с Ним в Его исполнительной власти. Мы полностью представлены во Христе Иисусе".

Активируйте свое воображение, находясь на своем месте во Христе, в небесных сферах. Ваше восхождение в воображении — это процесс раскрытия божественной реальности тронного зала в вашем непосредственном окружении: оно превосходит воспринимаемую реальность окружающего вас мира. Расширьте свое воображение с помощью мыслей о тронном зале и не отвлекайтесь на земные реалии. Цель Священного Писания — вознести вас к полному образу мыслей, воле и эмоциям Яхве через процесс восхождения.

Когда человек в своем воображении прилепляется к Владыке Вселенной, он вступает в процесс духовного выравнивания, гармонизируя божественные встречи.

Эти встречи, представляющие различные атрибуты и проявления Яхве, сходятся и сообщаются, образуя единую и сбалансированную структуру внутри вас. Это внутреннее выравнивание отражает единство божественных сфер и подготавливает почву для преобразующего духовного восхождения.

Благодаря этой гармонизации ваш разум и дух поднимаются за пределы материального мира. Ваши мысли выходят за рамки обычного, устремляясь к небесному престолу — царству возвышенного и бесконечного света. Здесь вы ощущаете великолепие горы, мистическое видение, описываемое как воплощение объединения всех сфер и измерений. Ваша гора — это не статичный образ, а живой, динамичный процесс, наполненный сияющим светом и взаимодействием божественных атрибутов. Она раскрывает сложную связь между всеми уровнями существования, показывая, как каждая часть вносит свой вклад в целостность творения.

По мере восхождения ваши мысли и воображение становятся жизненно важными для этого приключения. Они служат лестницей, позволяя вам подниматься все выше и выше в царство божественного прозрения. Воображение, часто отвергаемое как способность фантазировать, здесь превращается в мистическую среду, помогающую созерцать сияние божественной горы.

Ваше воображение не только становится свидетелем этого космического взаимодействия, но и становится его участником. Ваши мысли и намерения приходят в согласие с божественной волей Яхве и действуют как канал для потока из небесных сфер. В этом состоянии вы объединяете небо и землю. Ваше воображение воплощает объединение, становясь сосудом, через который текут божественные образы.

Воображение — это приглашение жить жизнью, полной

гармонии, осознанности и цели, черпая силы из бесконечного источника мистического видения.

В текстах **Зоара** воображение описывается так: "Когда человек прилепляется к Святому в мыслях и намерениях, он притягивает вниз свет высших миров, сливая небесное с земным. Благодаря этому они (мысли и намерения) становятся каналом, по которому божественные благословения изливаются в мир".

СВЯЩЕННАЯ СИЛА ВООБРАЖЕНИЯ: МЫСЛИ, ФОРМИРУЮЩИЕ РЕАЛЬНОСТЬ

Притчи 23:7 Стих "каковы мысли в душе его (человека), таков и он" раскрывает глубокую истину о человеческом сознании и нашей способности формировать реальность с помощью мысли. Этот священный принцип находит выражение в трех различных, но переплетающихся путях воображения, которые формируют наше путешествие по жизни.

Три Пути Божественного Воображения:

1. Видение сотворцов (Проективное воображение)

Точно так же, как Бог сотворил мир, сказав "Да будет свет", мы обладаем способностью воображать себе различные вещи и вызывать их к существованию. Именно благодаря этому процессу мы можем представить и воплотить в жизнь свое желаемое будущее, будь то строительство моста или получение ученой степени. Превращение невидимого в реальность напоминает фантазию строителя, визуализирующего конечный продукт с самого начала.

2. Танец Творца (Творческое воображение)

Второй путь отражает непрерывный акт творения, в котором Яхве сотрудничает с человечеством для формирования и преобразования реальности. Подобно скульптору, который начинает с куска глины и раскрывает присущую ему форму, или писателю, который становится свидетелем оживления своих персонажей, в этом творческом процессе переплетаются видение и возникновение. Это служит напоминанием о том, как Бог вдохнул жизнь в Адама, начав с видения, одновременно принимая загадку свободы воли и личностного роста.

3. Дар Оракула (Восприимчивое воображение)

Путь тайны, лежащий перед нами, несомненно, увлекателен. Он определяется моментами внезапного просветления, когда вспышка озарения открывает нам новые возможности. Например, яркие сны Иосифа или пророческие видения, которые пережил Иезекииль. Это божественное вдохновение — результат не тщательного планирования, а нашей готовности быть открытыми и позволить Иисусу направлять наши мечты. Воображение, видите ли, безгранично — оно служит каналом к высшим сферам видения.

Пути, о которых мы говорим, могут показаться разделенными, но на самом деле они сливаются, как ручьи в реку. Практичные планировщики могут обрести неожиданное вдохновение, в то время как художники-интуитивисты должны заниматься методичным творчеством. Это отражает то, как Бог одновременно планирует и допускает появление чего-то, ясно говорит и таинственно движется.

Сила воображения выходит за рамки мечтаний наяву — она предполагает активное участие в процессе творения. Когда мы представляем себе свое будущее "я", мы участвуем в глубоком акте сотворчества. Как следует из стиха в книге Притч, наши мысли не только влияют на наши действия, но и формируют само наше существо.

Сны служат краткими, но глубокими вратами к пророческому прозрению, представляя собой небольшую, но значительную часть сути истинного пророчества. Они функционируют как небесные врата, через которые священное понимание нисходит в человеческое сознание. Те, кто во Христе, имеют духовное возвышение, чтобы быть сосудами, настроенными на более высокие измерения.

Более того, понимание мироздания раскрывает себя не через физические усилия, а скорее спонтанно нисходит из сфер, не ограниченных материальной реальностью.

Подобно внезапному озарению, пронзающему тьму, эта мудрость проникает непосредственно в центр вашего сокровенного существа, минуя сознание, чтобы коснуться глубочайших аспектов человеческого осознания.

Яхве дал нам дар воображения как мистический ключ к личностной трансформации и раскрытию, но не для того, чтобы потакать фантазиям. Именно с помощью мыслей мы формируем свою реальность. Эта истина, несмотря на весь груз ответственности и божественное благословение, дает нам возможность приложить руку к своей собственной эволюции становления посредством мистической практики воображения. Таким образом, воображение приобретает духовное значение, служа способом участия в непрерывном акте творения, направляемом как божественным вдохновением, так и осознанным намерением.

БОЖЕСТВЕННЫЕ ПРОЯВЛЕНИЯ

Исход 19:18 (НРП) "Гора Синай была застлана **дымом**, *потому что* Господь сошел на нее в огне. От нее поднимался **Дым**, словно из печи. Вся гора сильно дрожала".

На иврите данное событие описано с подчеркиванием того, что гора полностью исчезла из виду. Окутывающий гору дым символизировал раскрывающееся присутствие Яхве, вызывая благоговение и демонстрируя эмоциональность и весомость природы Бога. Он был глубоким проявлением славы Божьего присутствия, переходящей из духовного оседания в физическую сферу. Экстраординарное явление!

Слова "потому что" на иврите — это "פָּנֶה" (пане(х)), что переводится как "лицо". Упоминание о схождении Господа относится к лику Яхве, раскрывающемуся на горе. Представьте себе эту картину! Наблюдая за дымом, израильтяне стали свидетелями многомерного проявления Божьего лика, сопровождаемого непостижимыми звуками и частотами. В Своем появлении и присутствии Бог раскрыл многие измерения Своего существа. Когда Моисей столкнулся с дымом, тот олицетворял скрытые сферы близости Яхве, окружающие его. Их взаимодействие представляло собой слияние, при котором различие между лицом Яхве и лицом Моисея исчезло. Эта встреча лицом к лицу ознаменовала матрицу восхождения Моисея. Точно так же, по мере того как мы открываем сферы восхождения и достигаем духовных высот не через дела, а через внутренний процесс становления — желания Бога становятся нашими, мы становимся едиными с Его восприятием и чувствами. Первостепенное значение имеет наше благоговение и смирение перед Богом, поскольку все вращается вокруг Него. Он жаждет, чтобы каждый аспект нашей жизни имел смысл, стремится к глубокой связи, которая стирает любое ощущение разделения. Это путешествие, в ходе которого мы окутаны Яхве, открывает наш разум, показывая, что между нами и Им нет разделения. Мы едины во Христе, опутаны единством Его образа. Благодаря матрице восхождения мы понимаем, что Иисус — это единство божественного и нас самих, которые воплощают одно и то же вечное сознание, живущее в нас.

В **Числах 12:6-8 (НРП)** "Тогда он сказал: слушайте Мои слова! Если есть среди вас Господень пророк, то Я ему **открываюсь** в видениях, говорю с ними во снах. Но не так со слугой Моим Моисеем; он **верен** во всем Моем доме. С ним Я говорю лицом к лицу, ясно, а не загадками; он видит образ Господень".

В этом Отрывке из Священного Писания еврейское предлог **"к"**, переводится как **"в"**. Пророки получают знание о Яхве, но Моисей, встретившись лицом к лицу, получил и откровение, и тайну. Это различие между знанием и откровением имеет огромное значение: Моисей доказал свою верность во всех аспектах Божьего дома. Еврейское слово אָמֹן (амон) означает слово "верный" как в качестве ремесленника. Почему именно ремесленник?

"Моисей был верным хранителем тайн царства, и поэтому Бог доверил ему тайны горы".

В великих мистических традициях мира образ горы часто символизирует священное путешествие восхождения — как внешний путь, так и внутреннее пробуждение. Это путешествие — преобразующий процесс становления. Вершина — это состояние сознания, сфера, где встречаются тайна и откровение. В основе этого путешествия лежит секретный ключ, с помощью которого те, кто поднимается на гору, становятся хранителями тайн, на которых возложена задача управления божественной мудростью, продвигающей вперед все творение.

ПРЯМАЯ ЗАГРУЗКА

Мистические письмена описывают Моисея как фигуру беспрецедентного духовного роста. В то время как пророки видели видения и сны, часто окутанные загадками и символами, Моисей находился в непосредственном общении с Яхве. Его описывали как смотрящего "в сияющее зеркало", созерцающего Бесконечное без искажений. Эта исключительная привилегия была не просто дарована Моисею — он дорос до нее. В Писании сказано, что он был "верен во всем доме Божьем", не только в своих действиях, но и в своем управлении вверенными ему тайнами.

Моисей был духовным мастером-ремесленником, придававшим божественным тайнам осязаемые формы: законы, Скинию и ритуалы, которые должны были направлять Израиль. Быть хранителем тайн значит соприкасаться с творчеством Яхве, превращая потенциал в субстанцию. Каждый шаг вверх — это одновременно движение в неизвестное и акт доверия, веры в то, что Иисус наделил нас способностью воспринимать великие тайны и управлять ими.

Тексты **Зоара** сравнивают праведников со "строителями божественного дворца", духовные переплетения которых формируют мироздание и влияют на него. Каждое праведное деяние, каждый момент размышления становится камнем в небесной структуре, способствуя созданию гармоничной реальности. Их цель — не просто индивидуальное просветление, а исцеление и возвышение всего творения. Это священное партнерство, совместный творческий танец с Яхве.

Продолжая восхождение, мы начинаем осознавать, что путь, лежащий перед нами, не прямой, а спиральный, уводящий нас все дальше в наше собственное существо, одновременно приближая нас к Бесконечности. Это путешествие требует совершенной капитуляции, готовности отказаться от наших предвзятых представлений и ограниченных точек зрения и вместо этого принять раскрывающиеся тайны. Подобно Моисею, мы становимся духовными мастерами-ремесленниками, превращающими полученные нами откровения в нечто такое, что другие могут разделить и понять. Именно отдавая, мы получаем, и через откровение распахиваются двери в наше внутреннее святилище.

Именно здесь живет тайна, скрытая даже от самых

сведущих, пока они не становятся готовыми воспринять ее. Тайна — это не просто знание, которого мы еще не достигли, это реальность, которая превосходит понимание, приглашая нас скорее к общению, нежели к овладению. Стоя на пороге Бесконечного, Моисей получил не только знание, но и тайну сущности Бога. Это привилегия верного мастера — хранить как откровение, так и тайну, придавая им формы, которые освещают, не уменьшая их глубины.

Взойти на свою гору — значит принять на себя священную ответственность управления. Открывая более глубокие сферы сознания, вы становитесь вместилищем божественной мудрости. Это роль не пассивная, а активная, творческая: вы призваны превратить полученное в нечто такое, что может благословить и возвысить мир. Этот путь требует мужества и смирения. Чем глубже вы поднимаетесь, тем больше вы осознаете, как много остается скрытым.

В этом полном приключений путешествии восхождения Иисус превращает вас в верного мастера, со-творца вместе с Ним. Вы становитесь строителем дворца, хранителем тайн и каналом, по которому скрытый свет течет в мир. Ваша гора становится не просто местом просветления — она становится мощным символом единства творения, единства, которым вам теперь поручено управлять.

ДОСТИЖЕНИЕ ЗРЕЛОСТИ ДЛЯ ДУХОВНЫХ ЗАГРУЗОК

Как Элохим, вы получаете доступ к божественным сферам, и Яхве развивает вашу зрелость для управления, с каждым шагом вашего восхождения раскрывая больше тайн и расширяя ваши способности к управлению. По мере движения вверх мы открываем доступ к небесным сферам תהום (Техом) — бездны. В этой сфере нам даются божественные поручения, и на нас возлагаются обязанности, согласующиеся с нашим небесным призванием.

Поскольку Моисей был верен во всем в доме Яхве, Бог даровал ему доступ в эти небесные царства. Он управлял божественными тайнами со зрелостью человека, ставшего единым целым с Царством. В этом суть истинной зрелости — когда что-то становится неотъемлемой частью вашего существа, вы воплощаете саму его природу. Раскрытие вашей личности согласуется с тем, что небеса уже знают о вас: зрелость отражает единство.

В этом состоянии Моисей стал живым воплощением божественных тайн, которыми он управлял. Раскрытие его личности было не просто интеллектуальным пониманием, но глубоким согласованием с тем, что небеса уже знали о нем. Это было слияние его земного существования с вечными истинами небесных царств.

Исход 19:18 (НРП) "…От нее поднимался дым, словно из печи. Вся гора сильно дрожала".

Данное божественное проявление раскрывает два измерения огня славы, с которыми мы сталкиваемся во время восхождения:

1. Очищающий огонь: это священное пламя исследует глубины вашего существа, с состраданием выискивая нечистоты. Его цель — очищать, а не судить, поскольку он

направлен на укрепление вашей связи с Возлюбленным вашей души. По мере того, как вы вникаете глубже, Бог тщательно исследует ваше сердце. Примите этот процесс с радостью, ибо речь идет не о поиске недостатков, а о том, чтобы направить вас в божественные сферы. Хотя мы, возможно, сталкивались с подобной сферой на этапе измерения, дальнейшее путешествие прольет свет на забытые проблемы, с которыми мы научились жить и приняли как часть своей повседневной жизни. Этот очищающий огонь, хотя иногда и доставляет неудобства, является Божьим способом устранения препятствий, мешающих более глубокой духовной связи и встречам.

2. Преобразующий огонь: после очищения этот огонь изменяет вашу сущность, приводя вас в соответствие с вашим божественным предназначением и переводя на следующий уровень духовной эволюции. Когда очищающий огонь завершает свою работу, появляется сияющий преобразующий огонь: его интенсивный жар преобразует вас в соответствии с вашим божественным призванием и поднимает вас на следующий уровень бытия.

Второзаконие 4:36 "Он дал тебе услышать Свой голос с неба, чтобы наставить тебя. На земле Он показал тебе Свой великий огонь, и ты услышал Его слова из огня".

Часто этот огонь помогает нам принять божественные наставления и повеления. Без подобной трансформации мы рискуем неверно истолковать и неправильно применить божественные указания, потенциально причинив вред. Огни очищения и преображения являются частью процесса достижения зрелости, повышающего нашу способность верно управлять царством, точно так же, как это было с Моисеем. Это захватывающий процесс формирования нашего изначального существования на небесах, проявляющегося на земле.

СИМФОНИЯ ВОСХОЖДЕНИЯ

Исход 19:19: "И звук трубный **становился сильнее и сильнее**. Моисей говорил, и **Бог** отвечал ему голосом".

На иврите "становился сильнее" — "הֹלֵךְ" (халак) — означает "переходить". Звук шофара пронзил небосвод, и его резонанс прокатился по всему творению. С каждой частотой он пробуждал высшие миры, призывая небесные сферы объединиться с вами.

Это был звук, наполненный вибрацией божественного намерения, космический сигнал, открывающий давно запечатанные врата. Это было так, как если бы дыхание Бесконечности струилось через шофар, открывая тайны, скрытые с момента основания творения.

Звук шофара послужил вселенским ключом к переходу Моисея в более высокие духовные измерения. Эта слуховая грань восхождения показывает, что путь восхождения затрагивает не только визуальный аспект, но и глубокий слуховой, связанный со звуком и частотами. Звуки небесных сфер наделяют дух силой достигать экстатических состояний бытия и познания.

Не сосредотачивайтесь только на визуальных эффектах: не менее важно и слуховое восприятие — звук, издаваемый по мере вашего подъема. Он облегчает ваш переход в сферы, где вы можете освободиться от своих духовных врат. Именно этот переход позволил Моисею говорить, получая доступ к словам, связанным с высшими сферами.

Мы вступаем в эпоху интенсивных духовных переживаний, напоминающих приглашение Иоанну "взойти сюда" в Книге Откровения. Поэтому обучение восхождению так важно — Бог хочет раскрыть знания, скрытые от мира. Он желает показать вам формулы, алгоритмы и тайны — это не просто абстрактные духовные концепции: они имеют практическое применение на вашем рабочем месте, в отношениях и повседневной жизни. Они обеспечивают духовное преимущество для управления земным существованием.

По мере того, как звук поднимается, его ноты переплетают вашу ДНК в более глубокую спираль. Каждый тон — это ступень, поднимающая вас за пределы физических ограничений. Когда голос возвышается и гармонизируется, он настраивается на частоты высших сфер; каждая нота соответствует вратам мудрости, порталу, через который сыны могут проникнуть в тайны мироздания.

Восхождение через звук означает погружение в самый пульс творения. Это значит слышать не ушами, а духом, настроенным на голос Элохима. Яхве желает поделиться секретами Своего слова и тайнами существования с теми, кто готов слушать, настроен на свое внутреннее святилище, на священную частоту, на песню творения.

ТАЙНА ДНК ЭЛОХИМА И ЯХВЕ

Исход 19:19: "И звук трубный становился сильнее и сильнее. Моисей говорил, и **Бог** отвечал ему **голосом**".

Важно понимать, что это говорил не Яхве, а Элохим, воплощающий Бога в Его полном, едином существе. Термин "голос" (קוֹל, кол) часто ассоциируется с громом, изначальным звуком, резонирующем во всем творении. Моисей услышал голос, отдающийся эхом с силой грома, создавая симфонию божественных частот. Это был не просто звук — это был божественный отпечаток самого творения. Богом, который говорил с Моисеем, был Элохим, Бог бесконечного потенциала и многогранного единства. Однако, когда Бог призвал Моисея, это был Господь-Яхве, что значит завет, взаимоотношения и близость.

Это различие жизненно важно для понимания взаимодействия между Элохимом и Яхве. Когда Элохим (Бог во множестве) говорит — это гармоничное слияние божественных голосов. Элохим говорит как Творец, Архитектор мироздания, который плетет нити существования. Это тот Бог, который сказал: "Сотворим человека по образу Нашему, по подобию Нашему" (Бытие 1:26), раскрывая множественность внутри единства. Элохим — это божественная ДНК, коллективный звук "Я есмь сущий" (אֶהְיֶה אֲשֶׁר אֶהְיֶה, Ehyeh Asher Ehyeh). Однако, когда Моисей был призван, его позвал именно Яхве, Тетраграмматон, имя, обозначающее Бога близости по завету. Яхве олицетворяет священный шепот любви и близости, соединяющий бесконечное с конечным, вечное с временным.

Когда говорит Яхве — это интимный шепот Возлюбленного, который встречается с вами лицом к лицу. Различайте эти голоса, потому что каждый из них несет в себе уникальный мандат и тайну: когда говорит Бог (Элохим), в игре участвует не один голос, а когда говорит Яхве, в центре внимания — близость завета.

Мистические писания освещают эту динамику, утверждая, что имена Бога — это не просто лингвистические маркеры, а энергетические коды: имя Элохим представляет собой атрибут "Гевура" (сила, границы), в то время как имя Яхве заключает в себе "Тиферет" (красоту, гармонию). Вместе они приводят в гармонию напряжение между трансцендентным и имманентным. Элохим — это тайна творения, архитектор миров, в то время как Яхве — это свет, проникающий в творение, освещающий и дающий ему жизнь. Данное взаимодействие раскрывает Элохим как ДНК божественной, структурированной, могущественной, всеобъемлющей множественности, в то время как Яхве — это дыхание жизни, оживляющее и вовлекающее нас в тесное общение. Крест через Иисуса — это то, что объединяет и активизирует нашу изначальную память и существование.

Когда говорит Элохим (Бог во множестве), происходит гармоничное слияние божественных голосов, где каждая вибрация — это нить в космическом гобелене, резонирующая с частотами творения. "Сефер Йецира" (Книга Становления) описывает, как вселенная устроена с помощью букв иврита, каждая из которых несет вибрационную сущность голоса Элохима. "Он выгравировал их... основу всего сущего". Эти буквы — не просто символы, но духовная ДНК существования, закодированная божественными частотами, которые Моисей слышал на Синае.

Однако, когда говорит Яхве — это интимный шепот, тихий голос (3 Царств 19:12), который манит нас встретиться лицом к лицу. Яхве — это имя, которое раскрывает божественное стремление к взаимоотношениям, голос, который говорил с Моисеем из горящего куста, называя его по имени (Исход 3:4). Обратите внимание: у горящего куста к Моисею воззвал Элохим, а на горе призвал Моисея именно Яхве, это подчеркивает, что у Элохима и Яхве разные врата и пути, но они — одно. Яхве — это аспект Бога, который стремится приблизить человечество, перекинуть мост через бесконечную пропасть и объединить нас с божественным присутствием. Это голос завета, нежный призыв "знать и быть познанным". Иисус — проявление этого завета.

Различать эти голоса — значит приобщаться к тайнам божественного откровения. Когда говорит Элохим, Он приглашает нас исследовать необъятность творения, бесконечные сферы и измерения духа. Это голос Творца,

Того, кто раскрывает скрытые пути космоса. Но когда говорит Яхве — это приглашение в "паним эль паним", близость лицом к лицу, которую испытал Моисей, когда "Господь говорил с Моисеем лицом к лицу, как говорят с другом" (**Исход 33:11**).

Путь восхождения — это не жесткая формула, а запутанное путешествие в божественное сердце. Само Древо Жизни состоит из взаимосвязанных путей, каждый из которых представляет уникальный аспект божественной мудрости и опыта. Иисус раскрывает это как наивысшее Древо Жизни. Элохим говорит этими путями, раскрывая структуру творения и законы, которые им управляют. Яхве, однако, является сущностью, которая оживляет путешествие, близким спутником, который идет с нами по лабиринту.

Откровения, извлеченные из глубоких встреч Моисея, содержат ключи к раскрытию нашей собственной матрицы восхождения. ДНК Элохима раскрывает бесконечный потенциал внутри нас, закодированный в образе божественного. Призыв Яхве приглашает нас к близости завета, к открытию глубин божественной любви и к восхождению через взаимоотношения. Иисус, воплощение всего сущего, находит отклик в этом через искупление и завершение.

Имейте в виду, что путь к восхождению не имеет установленной формулы, это увлекательный лабиринт с бесконечными возможностями. Откровения, извлеченные из глубоких встреч Моисея, содержат ключи к разгадке вашей собственной матрицы восхождения, но каждая духовная "экспедиция" представляет собой завораживающий гобелен индивидуальности.

ТЬМА И ВНУТРЕННЯЯ ТАЙНА

Исход 20:21 (НРП) "Народ остался стоять поодаль, а Моисей приблизился к мраку, где был Бог".

Когда Моисей приблизился к этой густой тьме, жилищу Элохима, он вошел не просто в физическое явление, но в пространственные врата. Это отражает библейский рассказ о том, как люди стояли поодаль, тогда как Моисей вошел в это таинственное царство. Это говорит о вечной схеме божественной встречи, когда Моисей облачался в одеяние тьмы, "вплетаясь" в священную палату высшей мудрости. К сожалению, этот момент также подчеркивает трагически упущенную возможность для израильтян: Яхве их всех поставил в такое положение, чтобы они взошли и взаимодействовали с Его присутствием, однако народ сосредоточился на неправильных аспектах, неверно истолковав ситуацию. Израильтяне предпочли прежний вариант — послать Моисея в качестве посредника, что, к сожалению, находит отражение в большей части современной церковной культуры.

Каждый верующий — это новое творение, сын Божий, царь, священник и пророк по чину Мелхиседека. В результате верующие обладают такой же способностью получать божественное откровение, что и любой служитель. Данная точка зрения бросает вызов тенденции ставить религиозных лидеров на пьедестал. Хотя мы признаем важность лидерства в служении, наш подход к духовному руководству отличается. Основной посыл ясен: нет существенной разницы между восхождением духовного лидера и любого искреннего искателя. Единственные отличающиеся переменные — это вера и готовность полностью принять свое сыновство.

Во Второзаконии 4:11 (НРП) говорится: "Вы приблизились и встали у подножия горы, которая пылала огнем до самых небес, покрытых черными тучами и кромешной тьмой".

Мы наблюдаем прогрессию переживаний Моисея: сначала он столкнулся с черными тучами, а затем приблизился к кромешной тьме Элохима. Эта кромешная тьма, описанная во Второзаконии как черные тучи, олицетворяет интенсивность духовной деятельности. Путешествие Моисея показывает замечательную духовную типографию: его первые встречи с Яхве начались с облака — видимого, осязаемого проявления божественного присутствия, которое служило первоначальными вратами в сверхъестественное царство. Это облако, хотя и таинственное, оставалось в некоторой степени понятным. Оно представляло собой "внешние покои" божественного откровения, где Бог открывает Себя тем, кто ищет Его.

Это показывает, что переход от туч к кромешной тьме — это не уход от божественного света, а путь к его источнику. Облако служит подготовительной сферой, настраивая наши духовные чувства на более глубокое взаимодействие.

"Черные тучи и кромешная тьма" указывают на слои божественной реальности: они становятся все более концентрированными и интенсивными, соответствуя различным уровням божественной мудрости, каждый из которых более глубокий, чем предыдущий.

ОГОНЬ ВО ТЬМЕ

Парадоксальное сочетание огня и тьмы во **Второзаконии 4:11** раскрывает еще одно измерение этого духовного прогресса: огонь, "пылающий до самых небес", сосуществующий с "черными тучами и кромешной тьмой", представляет собой божественное противоречие.

Этот огонь во тьме представляет то, что мы называем "черным огнем" — это настолько интенсивный уровень божественной энергии, что он кажется тьмой. Кромешная тьма представляет собой избыток откровения вокруг себя.

Данная трансформация представляет собой фундаментальный сдвиг в нашей способности воспринимать божественную реальность и взаимодействовать с ней. Мрак становится чревом духовного возрождения, преобразуясь в соответствии с высшими образцами божественной мудрости.

Еврейский термин, обозначающий эту кромешную тьму,

"арафель" (ערפל), несет в себе глубокое значение. То, что нашему ограниченному восприятию кажется непроницаемой тьмой, на самом деле является ошеломляющим изобилием божественного света, настолько интенсивного, что наш ограниченный разум может воспринимать его только как мрак. Поэтому, сокровища тьмы, שֶׁ אֹצָר (о-сар хосек), содержат наибольшие тайны Божьей природы. Путешествие в эту кромешную, плотную тьму равносильно восхождению в высшие измерения, где заключены самые драгоценные божественные тайны и глубочайшие сокровища духовной мудрости.

Этот путь восхождения, от первых столкновений с божественным присутствием до крайних глубин мрака, является приглашением отойти от поверхностных переживаний и погрузиться в сферы, где происходит истинное преображение. Бог бросает вам вызов выйти за пределы зоны комфорта, принять очищающий и преобразующий огонь, настроить свой духовный слух на звуки перехода и смело шагнуть в неизвестное и открыть Его величайшие тайны.

В **Бытие 1:2** говорится: "Земля же была безвидна и пуста, и тьма над бездною, и Дух Божий носился над водою".

Эта первоначальная тьма на самом деле была состоянием совершенного потенциала, где все возможности существовали в совершенном единстве до своей дифференциации. Поэтому вхождение в кромешную тьму возвращает нас к этому изначальному состоянию чистого потенциала, месту, где рождаются новые реальности. Эта первозданная тьма, известная на иврите как "хосек" (חשך) переплелась с "тахом" (бездна). Именно здесь мы сталкиваемся с богами и престолами — духовными сущностями, ответственными за управление сферами и измерениями в духе.

Когда путь восхождения ведет вас во тьму, вы входите в глубокое царство, где сталкиваетесь с сущностями, известными как элохимы, и ангельскими сферами, которые превосходят наше понимание. Мы вступаем в сферу, которая находится за пределами наших нынешних возможностей, в место, которое до сих пор было для нас недоступно. Однако по мере того, как мы продвигаемся в нашем путешествии восхождения, подобно Моисею, который управлял Божьим домом, Иисус открывает нам двери и приглашает исследовать самые глубины тайны.

Это понимание трансформирует наше чтение **Псалма 96:1-3**. Ссылаясь на облака и густую тьму, окутывающие Господа, автор этого отрывка раскрывает истину мироздания: величайшие тайны скрыты слоями мрака. Тексты Зоара также описывают место, "скрытое и известное только Святому": эти слои тьмы защищают и сохраняют самые священные откровения до тех пор, пока мы не будем готовы их принять. Царство тьмы таит в себе потенциал, ожидающий рождения новых откровений.

Исайя 45:3 "И отдам тебе хранимые во тьме сокровища и сокрытые богатства, дабы ты познал, что Я Господь, называющий тебя по имени, Бог Израилев".

В Исаии 45:3 содержится священное обещание скрытых сокровищ, спрятанных в тайных комнатах — они, подобно чертежам, жаждут раскрытия сыновства. Обнаружение этих сокровищ открывает величественное восхождение, дарующее силу созерцать, прикасаться и высвобождать то, что долгое время было сокрыто. Стремление к этим скрытым чудесам неразрывно переплетается с самой вашей сущностью как матрицы восхождения.

В **3 Царств 8:12** мы читаем: "Тогда сказал Соломон: Господь сказал, что Он благоволит обитать во мгле".

Мгла и облако восходят к началу творения, упомянутому в Книге Бытия. Когда Бог говорит о тьме, Он переносит ваш дух обратно к началу творения, потому что Его божественный план состоит в том, чтобы связать вашу судьбу с этими изначальными тайнами. Как "ב" — точка высвобождения в творении — вы направляете божественную цель в существование. Царство памяти представляет собой Его пробуждение вашего изначального существования, приводя в движение звук вашей позиции в сотворчестве с Ним. Царство памяти оживает, вибрируя в Нем древними страницами вашего скрытого свитка, напоминая о цели вашего божественного единения с Ним.

Псалом 96:1-3: "Господь царствует: да радуется земля; да веселятся многочисленные острова. Облако и мрак окрест Его; правда и суд — основание престола Его. Пред Ним идет огонь и вокруг попаляет врагов Его".

Этот отрывок рисует яркую картину Господа, окруженного облаками и густой тьмой, с окутывающими Его тайнами. Это царство божественного управления, где праведность и правосудие составляют основу Божьего престола.

То, что Его окружают эти сферы, показывает, что сфера тайны является продолжением Его великолепного существа: куда бы ни направлялось присутствие Яхве, там проявляется тайна и насыщает атмосферу скрытыми сокровищами тьмы. Как сыны нового творения, мы ведем жизнь, до краев наполненную незнакомыми вещами, без какой-либо системы отсчета для нашего конечного пункта назначения: нас окружают невидимые виды, неслышимые звуки, и в самом нашем существе отражается неизведанное. Когда Христос пребывает внутри вас, то вас окутывает то же самое облако, наполняя вашу судьбу загадочными возможностями. Это становится наивысшим волнующим путешествием в неизвестное, раскрывающим внутренний потенциал и превращающим тайну в осязаемую реальность. Бог, окутывающий Себя мраком, становится нашим собственным образцом. Мы тоже учимся окутывать себя этими священными тайнами, позволяя им преображать нас изнутри. Вот что значит по-настоящему править в духовных сферах: не стоять в страхе за пределами тьмы, но входить в нее с уверенностью тех, кто понимает ее истинную природу.

Джастин Пол Абрахам: "Я бы предпочел быть неопытным в новом, чем опытным в старом".

Примите неопределенность и позвольте себе нащупывать путь на бескрайних просторах неизведанных духовных сфер. Почувствуйте, как вас захватывает осязаемость потенциала на пути по ландшафтам бесконечных возможностей; внимательно прислушайтесь к шепоту небес, несущему послания из невидимых миров; позвольте трепету неизвестности пробудить ваши духовные чувства и направить вас в этом просветляющем путешествии.

Псалом 18:1-2 (Дословный перевод ТРТ): "Великолепие Бога — это история, рассказанная и записанная в звездах. Сам Космос рассказывает о Нем через чудеса небес. Его истина путешествует по звездному своду неба, демонстрируя Его мастерство в созданном творении. Каждый день передает свое послание следующему, ночь за ночью нашептывая свое знание всем".

Исход 24:1: "Затем Он сказал Моисею: «Поднимись к Господу с Аароном, Надавом, Авиудом и семьюдесятью старейшинами Израиля. Вы поклонитесь Мне издали, но **приблизится** к Господу один Моисей — остальные пусть не приближаются. Народ пусть вообще не поднимается с ним".

В древнееврейском языке слово "עָלָה" (алех) используется для выражения понятия "подниматься куда-то" и содержит в себе смысловой оттенок оказания помощи при восхождении. Упомянутые здесь 70 старейшин были важнейшими лидерами, сыгравшими значительную роль в управлении израильтянами. Это также символизирует божественное управление и порядок мироздания, соответствующий концепции сотрудничества с ангелами и духовного управления. Мистические писания указывают на тот факт, что число 70 представляет собой небесный порядок космического управления и соответствует числовому значению буквы иврита "у", которая ассоциируется с полным видением измерений. Чтобы овладеть искусством призыва ангельских сфер, вы можете вызвать ангелов, специально назначенных помогать вам в вашем управлении и восхождении. Моисей, будучи отражением высших миров, служил пастырем, принесшим высшую мудрость небес, чтобы направлять нижние миры. В этой роли он был назначен начальником над нижестоящими силами, подобно тому, как король назначает своего доверенного слугу.

Иисус поручает небесным существам сопровождать вас, и вы несете ответственность за то, чтобы называть их в соответствии с их функциями и давать им инструкции. Концепция присвоения имен ангельским существам и приведения их ролей в соответствие согласуется выравниванию божественных букв, еврейских букв, которые управляют творением. Однако важно начать процесс создания совета, который будет поддерживать вас в вашем правлении.

Старейшинам было велено держаться подальше, но Моисей мог "приблизиться".

Еврейское слово подразумевает более активное действие, нежели просто "приближение": оно означает "вступление во что-то".

Основное внимание здесь сосредоточено на том, чтобы отпереть скрытые сокровища внутри вас: Когда Христос находится внутри вас, там с Ним живет и вся духовная сфера. Представьте: ваше существо содержит всю духовную сферу. Восхождение — это путь, позволяющий исследовать, разблокировать и высвободить древние пути внутри вас.

70 старейшинам и Аарону было велено поклониться, проявить почтение и преклониться в присутствии Яхве, однако Моисей получил особое приглашение войти в Божье

присутствие. Значим сам факт, что Яхве воспринимал Моисея как воплощение Самого Себя. Когда у вас есть понимание, что Яхве видит в вас воплощение Самого Себя, ваш авторитет и уверенность пробиваются к более высоким измерениям. Моисей взошел в высшие сферы, прилепившись к божественному свету.

"Старейшины стояли поодаль, созерцая сияние, но не приобщаясь к внутренней тайне".

Исход 7:1: "Господь сказал Моисею: "Смотри, Я сделал так, чтобы ты *был как* Бог для фараона, а твой брат Аарон будет как бы твоим пророком".

Яхве говорит Моисею: "Ты — это Я для фараона". Моисей действительно воплощает полное проявление Бога. Это откровение обладает невероятной способностью трансформировать ваше восприятие собственного потенциала. Оно открывает вам глаза на бесчисленные возможности, которые ждут вас, на уникальные таланты, которыми вы обладаете, на неизведанные миры, которые вы можете исследовать, и на глубокое влияние, которое вы можете оказать на различные сферы.

Принимая свою роль Элохима, вы вступаете в более глубокое осознание своих божественных способностей и предназначения. Как бог, ты осознаешь безграничный потенциал, который заложен в твоей родословной, дающий тебе возможность призывать экстраординарные силы и управлять ими. Когда Бог призывает небесных существ в царстве духов, они погружаются в безмолвие, их взгляды устремлены на вас, с нетерпением ожидая каждого вашего слова. Божье намерение состоит в том, чтобы духовная сфера признала ваше присутствие и откликнулась на ваш призыв.

САПФИРОВЫЙ ТРОН: ВРАТА К БОЖЕСТВЕННОМУ ОТКРОВЕНИЮ

Исход 24:9-11 "Моисей, Аарон, Надав, Авиуд и семьдесят израильских старейшин поднялись и увидели (לא) Бога Израиля. Под ногами у Него было нечто, похожее на помост из сапфира, ясный, как само небо. Но Бог не поднял руку на израильских вождей. Они видели (לא) Бога, ели и пили".

В данном стихе описывается, что "они видели". Между словами "видел" и "Бог" в еврейской Библии появляется "את". Глубокое значение "את" (Алеф-Тав) продолжает раскрывать слои мистического понимания того, как старейшины воспринимали божественное присутствие. את — смешивание первой и последней букв еврейского алфавита — символизирует завершение. Оно действовало как космическая линза, через которую старейшины воспринимали многомерный образ и славу Бога. Еврейские мистики интерпретируют "את" как признак божественного присутствия, конкретно указывающий на Мессию, который является началом и концом.

Второе восхождение Моисея явно открыло новые сферы: Яхве призвал его войти в более высокое измерение, чем при первом восхождении, поскольку в тех более ранних Писаниях "תא" не появляется. И все же в этом восхождении они раскрывают скрытую в Ветхом Завете тайну Иисуса.

Сочетание "את" представляет полный спектр творения, от начала до конца. При размещении между глаголом "увидел" ראה и "Бог" אלהים, они говорят о том, что зрение старейшин проникло через все слои реальности в мистическое видение. Алеф-Тав содержит все 22 буквы еврейского алфавита, которые, согласно мистическому учению, являются строительными блоками творения. Использование "את" в этом стихе важно, поскольку оно появляется во время божественного откровения. Поэтому старейшины наблюдали за тем, как Бог проявляется через взаимосвязанные сферы и измерения всех элементов творения, подобно призме, взрывая справедливость и милосердие, трансцендентность и имманентность, чтобы постичь божественное единство через множественность. Они смотрели сквозь то, что мистики называют "прозрачной линзой" (המאירה אספקלריה) (ха-ме'ира аспекларья), обычно предназначенной для пророческого видения высшего порядка.

Уникальное видение посредством "תא" также послужило подготовкой к получению Торы, поскольку "תא" охватывают все буквы, необходимые для передачи Торы.

Наслаждаясь едой и питьем в Божьем присутствии, старейшины погружались во вневременную связь, переживая общение с Ним, начало и конец которого сливались в памяти об их изначальном состоянии.

В этом отрывке в еврейском тексте Писания впервые появляется слово "сапфир", известное как "סַפִּיר": он играет значимую роль в тронном зале Бога. Он открывает врата к божественному посланию, позволяя вам взаимодействовать с живым Словом и становиться сосудами внутри сосудов, колесами внутри колес. Будучи посажены со Христом на небесах, вы позиционируете себя в "סַפִּיר". Это священное пространство позволяет вам задействовать межпространственные способности и стать свидетелем экстраординарного проявления Йешуа. Хотя в Библии все от Бога, не все Божье записано в Библии. Павел говорил из этого важного места, и именно поэтому Моисей получил заповеди на сапфировых скрижалях. Внутри "סַפִּיר" лежит скрытый секрет божественного слова. Это проливает свет на то, почему Яхве так сильно отреагировал, когда Моисей в порыве гнева разбил вдребезги скрижали, на которых пульсировало Слово Яхве, часть Его божественного престола, продолжение Его существа.

САПФИР — ЭТО ИЗМЕРЕНИЕ ЦАРСТВА.

В книге "Легенды евреев" Луи Гинзберг описывает глубокую тайну еврейского мистицизма: Бог взял скрижали из Своего собственного трона, и эти сапфировые скрижали вибрировали от живого Слова Божьего, самих заповедей. Когда Яхве провел пальцем по табличкам, появились буквы иврита, переплетаясь и комбинируясь, образуя Его божественные заповеди.

Гематрия для 350 — סַפִּיר, где 8 символизирует "хет" (ח), связанную с духом мудрости. Взаимодействую с "סַפִּיר" мы одновременно переживаем танец креативности и мудрости. В סַפִּיר внедрены тайны, относящиеся к власти и управлению сынов.

Согласно описанию, трон Бога сделан из лазурита или сапфира. Этот прекрасный голубой камень, украшенный золотыми вкраплениями, заключает в себе гораздо больше, чем просто физическую красоту — он содержит важные духовные реальности: глубоко в сущности сапфира резонируют сами частоты Слова Божьего. Каждая буква иврита причудливо переплетается, образуя красивую дугу связи. Когда две буквы пересекаются, они устанавливают точку соединения, порождая портал или измерение. Это переплетение божественного слова в лазурите создает завораживающее отображение частот и цветов, отражающих великолепную радугу, украшающую небесный тронный зал Бога.

Соприкасаясь с лазуритом во время своего духовного путешествия, осознайте, что его значимость выходит за рамки простого драгоценного камня — этот драгоценный сапфир неразрывно связан с ангельскими мирами и несет в своей сути божественное Слово Божье. Иеремия глубоко понимал эту истину, когда записал слова из **Книги Пророка Иеремии 14:21**, умоляя: "Не отвергай нас, ради Своего имени; не унижай престол Своей славы. Вспомни и не расторгай

Свой завет с нами". Сапфировый трон, представляющий само воплощение Слова Божьего, символизирует Его непоколебимую посвященность чтить Свое имя и защищать святость Своего престола.

В **Откровении 4:3** написано: "Сидящий *на престоле* блестел, как драгоценный камень яшма, или сердолик, и над Ним была радуга, напоминающая изумруд".

Этот отрывок символизирует переплетение семи духов Бога с лазуритом. Когда вы сталкиваетесь с лазуритом или сапфировым полом во время своего духовного путешествия, это означает глубокую связь со словом Божьим. Когда Бог помещает вас на сапфир, Он приглашает вас глубже погрузиться в Его слово и взаимодействовать с ним на более глубоком уровне.

Иезекииль 1:26 подтверждает этот образ: "Над сводом, который был над их головами, было нечто, подобное престолу из сапфира, и словно бы на престоле восседал Некто, похожий на человека".

Этот сапфировый трон сопровождается замечательными зрелищами, как описано в **Откровении 4:4-6**: "И вокруг престола двадцать четыре престола; а на престолах видел я сидевших двадцать четыре старца, которые облечены были в белые одежды и имели на головах своих золотые венцы. И от престола исходили молнии и громы и гласы, и семь светильников огненных горели пред престолом, которые суть семь духов Божиих; И пред престолом — море стеклянное, подобное кристаллу; и посреди престола и вокруг престола четыре животных, исполненных очей спереди и сзади".

Когда Моисей взирал на Яхве, стоя на сапфировом полу, он стал свидетелем грациозного танца еврейских букв, вливающих жизнь в сам сапфир. Он наблюдал за четырьмя живыми существами, окружавшими величественный трон, который, казалось, поднимался из самой сущности сапфира, в то время как одновременно сапфир, казалось, исходил из трона, а трон — из Самого Бога. Стало ясно, что трон и Бог неразделимы, навеки переплетены как одно целое в своей божественной природе.

Колоссянам 3:1-2 (НРП): "Итак, если вы были воскрешены со Христом, то стремитесь к небесному, туда, где Христос сидит по правую руку от Бога. Обращайте ваши мысли к небесному, а не к земному".

Перевод Библии "Зеркало" описывает приведенный выше стих так: "Узрите себя воскрешенными со Христом! Теперь обдумайте с убеждением последствия вашего соучастия в Нем. Переместите себя мысленно! Перенесите свои мысли в реальность тронного зала, где вы восседаете вместе со Христом в исполнительной власти одесную Бога. С любовью познакомьтесь с мыслями о тронном зале, это убережет вас от того, чтобы снова отвлекаться на земное".

По мере вашего восхождения просите Отца вознести вас в сам сапфир Его престола, где Он покажет вам Свои откровения. Тронный зал, известный как гироскоп творения, придает движение всему: он служит центральной точкой, вокруг которой все вращается, представляя божественное правление и порядок, штаб-квартиру каждого божественного плана.

Всякий раз, когда сапфир появляется при вашем восхождении, он намекает на развитие значительных событий. Он показывает, что небесное правительство проявило себя на вашей горе. В такие моменты Яхве желает высвободить что-то очень важное в ваше окружение, доверяя вам быть хранителем его тайн. Переплетение еврейских букв, слов и семи духов Божьих порождает параллельную духовную интенсивность.

В этом восхождении вы вступаете, ощущая божественное присутствие, которое в конечном итоге ведет вас к глубинам сапфирового престола. Это приглашение выйти за рамки поверхностных переживаний и погрузиться в сферы, где происходит истинная трансформация. Это путешествие бросает вам вызов расширить свои границы, принять очищающий и преобразующий огонь божественной встречи и настроить свои духовные чувства на частоты небес. Это призывает вас смело шагнуть в неизвестность, где вас ждет открытие величайших тайн Бога.

По мере нашего восхождения мы перестаем быть простыми наблюдателями, и становимся скорее активными участниками божественного управления творением. Наше призвание — взаимодействовать с сапфировым престолом, интерпретировать танец еврейских букв, общаться с живыми существами и управлять тайнами, которые высвобождаются из глубин Техома. Высшая цель сынов Божьих — не просто посещать эти сферы, но управлять из них и привносить реальность небес в контекст земли.

В этом преобразующем путешествии восхождения мы настраиваем себя на восприятие через божественную призму как Элохимы, как со-творцы, как доверенные носители загадочной мудрости Царства. Это призыв выйти за рамки зачаточных учений и полностью принять свою небесную сущность. Вступая на этот древний путь, мы становимся проводниками небесных откровений, изящно приближаясь к скрытым сокровищам и тайнам, которые Бог страстно желает раскрыть творению.

Успокаивая свой разум и открывая свой дух тайнам, которые ждут нас в сапфировом тронном зале, мы погружаемся в лоно приключений. Благодаря этим встречам мы не только больше узнаем о Яхве, но и раскрываем в Нем больше своего истинного "я". Это путешествие восхождения уводит нас глубоко в сердце Бога, где наша божественная цель становится полностью реализованной и мы обретаем свою истинную сущность.

"В тишине мы находим врата к безграничным исследованиям".

ЦАРСТВО СТАНОВЛЕНИЯ

В **Книге Исход 24:12** "И сказал Господь Моисею: "**Взойди ко Мне** на гору и будь там; и дам тебе скрижали каменные, и закон и заповеди, которые Я написал для научения их". Семьдесят старейшин, Аарон и его сыновья должны были остаться.

Обратите внимание, что говорил Яхве (Господь), а не Элохим (Бог).

Яхве сказал Моисею: "Взойди ко Мне на гору и останься здесь". Он призвал Моисея в более высокое измерение, чем то, где оставались Аарон, его сыновья и семьдесят старейшин.

В царстве восхождения есть место, где общение переплетается с взаимодействием, будучи окутанным Его присутствием. Это святилище откровения, где приподнимаются завесы тайны, показывая глубокие откровения. В этом священном пространстве Его присутствие оживляет ваш дух и приглашает вас познать глубокие тайны, ожидающие в царстве общения.

Когда Яхве говорит: "Взойди ко Мне", на иврите это описывается как "войди внутрь Меня". Он велел Аарону и семидесяти старейшинам оставаться там, где они были, но Моисею повелел подняться К Нему. Проинструктировав Моисея подняться внутрь Себя, Он велел всем остальным оставаться на местах. Оказавшись там, куда призвал его Бог, Моисей вошёл в самую суть того, чему он был свидетелем у горящего куста.

Возле неопалимой купины Моисей впервые столкнулся с этим Присутствием, однако Бог тогда не позволил ему приблизиться. Здесь, однако, Бог разрешил пророку взойти наверх, войти в саму Свою сущность и остаться в "Я ЕСТЬ ТОТ, КТО Я ЕСТЬ".

Истинная глубина восхождения становится очевидной, когда вы принимаете эту практику, по мере того как Иисус раскрывает потенциал вашей ДНК для роста и изменений — это откровение становления. Религия насмехается: "Кем ты себя возомнил?" Иисус заявляет: "Я знаю, кто ты".

"Оставаться позади" — это еврейское слово "היה" и определяется как "становиться", как переход в состояние бытия. Это также корень для "Я ЕСТЬ ТОТ, КТО Я ЕСТЬ" — "אֲשֶׁר אֶהְיֶה אֶהְיֶה".

Таким образом, Яхве говорит: "Встань на определенное место, сделай шаг в Меня и переплетись с Моим существом, стань ТЕМ, КТО Я ЕСТЬ". Это было исполнением того, с чем Моисей впервые столкнулся у горящего куста. Некоторые раввинские и еврейские источники не поддержали бы идею сделать шаг в Бога и стать единым целым с Ним, однако наш подход остается сосредоточенным на Христе и исполнении всего обетования, которое мы переживаем в результате завершенной работы на кресте.

"Ты должен снять обувь и не подходить близко, ибо там, где ты стоишь, — святая земля".

Однако, когда Моисей взошел на гору во второй раз, Бог заговорил с ним, сказав: "Сделай шаг в Меня. Когда ты входишь в Меня, ты можешь войти в "Я ЕСТЬ ТОТ, КТО Я ЕСТЬ" и ощутить полноту. Ты воплощаешь Меня".

СЫНЫ ЧУДА

Исход 24:12 "И сказал Господь Моисею: "Взойди ко Мне на гору и будь там; и дам тебе скрижали **каменные**, и закон и заповеди, которые Я написал для научения их".

Обратите внимание, на какую позицию Яхве впервые поставил Моисея? Между словами "дам тебе" и "скрижали каменные" стоит слово "את". Он говорит: "Я дам тебе..." (от начала א до конца ל) надпись на этих каменных скрижалях, которая является самим воплощением Слова — Йешуа. "את" несет в себе тайны творения и проявления чудес в Йешуа.

Еврейское слово, означающее "камень", — "אבן" (ивен), оно состоит из букв "א" (Алеф), "ב" (Бет) и "נ" (нун). С точки зрения грамматики, "ב" произносится как "в", а не "б". Оно близко связано с еврейским словом "בן" (бен), что означает "сын". Как провозглашает Писание в Первом Послании Петра, мы — живые камни. Дав Моисею камни, Яхве вложил сущность Моисея как живого камня, божественное переплетение и соединение мандатов и предписаний.

ДНК скрижалей переплелась с ДНК самого Моисея как Сына Божьего — Бен переплелся с Бен-ом — сын и камень — живые камни, превратившиеся в сынов чуда.

Это имеет глубокое значение, поскольку Священное Писание провозглашает: "Я напишу законы на ваших сердцах". Вы — эти камни, вы — эти скрижали. Если вы — камень сапфир, вы — часть Самого Яхве, эманация Его существа. Вы являетесь значительным присутствием у Божьего престола, олицетворяя Его Слово в живой форме.

Восхождение и медитация активации в царстве сынов чуда доступна в конце книги.

ИЗМЕРЕНИЯ СЛАВЫ

В **книге Исход 24:13** мы читаем: "И встал Моисей с Иисусом, служителем своим, и пошел Моисей на гору Божию". Стих 15 продолжает: "И взошел Моисей на гору, и покрыло облако гору, И **слава** Господня осенила гору Синай; и покрывало ее облако אл шесть дней, а в седьмой день Господь воззвал к Моисею из среды облака".

Опять же, после того, как Священное Писание упоминает, что "облако покрыло", появляется "אֵת". "אֵת" является напоминанием о высшей сфере, с которой взаимодействовал Моисей.

Когда вы ощущаете великолепие присутствия Яхве во время восхождения, обращайте внимание на следующие 4 измерения:

Кавод "כָּבוֹד" — это древнееврейское слово "слава", и эта сфера воплощает в себе четыре аспекта.

Облако служило одеянием божественной славы, с помощью которого Моисей проходил через многочисленные "завесы", чтобы получить доступ к божественному общению. Присутствие "אֵת" сигнализирует о мосте между трансцендентным и имманентным божественным присутствием. Это обозначение показывает, что Моисей взаимодействовал с высшей сферой, переходя от человеческого восприятия к божественной реальности.

Переживая величие присутствия Яхве во время восхождения, мы выделяем **четыре аспекта славы (כָּבוֹד — кавод):**

1. Великолепие Яхве

Измерение, которое мы здесь обсуждаем, известно как "освещающее зеркало": оно представляет чистую сияющую красоту, которая напрямую связана с присутствием Бога. Псалом 144:4-5 провозглашает: "Род роду будет восхвалять дела Твои и возвещать о могуществе Твоем. А я буду размышлять о высокой славе величия Твоего и о дивных делах Твоих". В литературе "Маасе Меркава" это великолепие описывается как настолько могущественное, что даже высшим ангелам необходимо покрываться в его присутствии.

2. Слава Божья как Честь

"כָּבוֹד" (кавод) в аспекте почитания воплощает "глубину начала и глубину конца". Это связано с уважением к природе и сущности Яхве. Как учил раввин Исаак Лурия, это божественное измерение действует как сосуд, деликатно принимая и направляя высший свет в низшие сферы. Более низкий уровень не обязательно означает меньший, он просто прогрессирует в раскрытии. Его нежные объятия гарантируют, что получатели не будут перегружены и ошеломлены, позволяя им наслаждаться великолепием.

3. Богатство Его Присутствия

Слава, соединенная с божественным изобилием, показывает, что כָּבוֹד содержит все формы духовного и материального богатства. Это "сокровищница всех сокровищниц", из которой проистекают все благословения. Хотя она включает в себя материальные богатства, ее значение намного шире как духовное изобилие. Как объясняет раввин Мозес Кордоверо в "Пардес Римоним", когда мы вступаем во славу Яхве, мы получаем доступ к тому, что он называет "божественной экономикой", через которую духовные богатства текут вниз по все более плотным уровням проявления.

4. Демонстрация Божественной Силы

Сильная рука и протянутая рука проявляются как осязаемые демонстрации Его божественной власти через чудеса и знамения.

Данные четыре измерения не разделены, а представляют собой четыре грани одного и того же света. Это четыре уровня духовного восприятия, от осознания божественного присутствия до непосредственного переживания божественной силы. Как испытал Моисей на Синае, эти измерения образуют постоянный поток, посредством которого божественное присутствие поддерживает и возвышает творение.

Когда мы сталкиваемся с этими измерениями славы, нас приглашают в путешествие по слоям божественного присутствия, где каждый раскрывает более глубокий аспект проявленной славы Яхве: каждое измерение славы становится путем к более глубокой связи с Яхве.

КАНАЛ БОЖЕСТВЕННОГО СОВЕРШЕНСТВА

В Книге Исход 24:15-16 говорится, что Господь призвал Моисея, и тот провел в присутствии Яхве **шесть** дней, а на **седьмой** день Бог заговорил с ним.

Это место Писания раскрывается с мистическим подтекстом, приглашая к размышлению о более глубоких символических слоях шестидневного пребывания Моисея в присутствии Яхве и кульминационное откровение на седьмой день.

Еврейские буквы "вав" (ו) и "зайн" (ז), с их численным и духовным значением, укореняют этот отрывок в рамках Божественных тайн, особенно через свои связи с творением, идентичностью и восхождением.

ЗНАЧЕНИЕ ВАВ (ו): СОЕДИНЕНИЕ И ДНК

Буква "ו", с числовым значением шесть, часто упоминается в еврейском мистицизме как "соединитель". Грамматически она служит соединением, связывая слова, идеи и фразы. В духовном плане она представляет собой связующую силу, которая объединяет небо и землю. Шесть дней, которые Моисей провел в присутствии Яхве, символизируют процесс божественного слияния — Бог вплетает в Моисея Свою сущность или "божественную ДНК".

В мистической мысли "ו" связана с шестью измерениями физической реальности (север, юг, восток, запад, верх и низ) и шестью днями творения. Эти шесть дней пребывания Моисея означают работу по преобразованию, когда исходный материал его существа очищается и приводится в соответствие с божественным замыслом. Точно так же, как ДНК служит планом физической жизни, божественное "ו" означает духовный план, кодирующий Моисея тайнами божественного восхождения и царствования.

Это "духовное переплетение ДНК" перекликается с концепцией "целем Элохим" (образа Божьего). Пребывая в присутствии Яхве, Моисей постепенно превращается в сосуд, способный воплощать Божью власть и славу, царство, которое внесло порядок в хаос, достигший кульминации в святости седьмого дня. Точно так же в течение этих шести дней Моисей перестраивается и готовится к грядущему откровению, божественной загрузке.

Еврейское слово "суллам" (סֻלָּם), которое переводится как "лестница", наиболее часто используется в книге Бытия (28:12) во сне Иакова. В этом сне Иаков видит "суллам" (סֻלָּם), простирающуюся от земли до небес, по которой восходят и нисходят ангелы. Мистика широко толкует это видение как духовное восхождение, акцентируя внимание на связи между человеком в виде "Вав" (ו), и духовными сферами.

"Лестница" в Бытие 28:12, известная как "суллам" (סלם) на иврите, происходит от слова "салал" (סלל), означающее "строить". "סלל" также подключена к "סלק", наше 3-е слово восхождения. Древнееврейское слово "סֹלֵל" — это глагол, который обычно переводится как "возносить", "превозносить", "возносить", "нагромождать" или "сваливать в кучу". Он часто используется в контексте подготовки дороги или пути, в частности, люди используют его для устранения препятствий или для того, чтобы сделать путь более гладким или проходимым. Пример подобного употребления данного слова можно увидеть в Книге Исайи 40:4: "Всякий овраг пусть поднимется (са-лал), а всякая гора и холм — опустятся; неровная земля пусть станет гладкой, и бугристые места — ровными". Метафорическое использование "салал" в данном стихе служит цели проложить божественный путь для прихода Бога: поскольку Христос живет внутри вас, "סלל" символизирует восхождение, которое подготавливает вас к божественным проявлениям образа Иисуса внутри вас.

Что делает слово "סלל" интригующим, так это то, что это единственный еврейский термин, используемый для описания восходящей структуры: не физической лестницы, а духовной. Поднимаясь по этой духовной структуре, мы участвуем в процессе построения проявленной духовной реальности, согласно которой вы являетесь каналом восхождения, божественным "ו".

Как только мы открываем и заселяем эти сферы, мы не

только переживаем их, но и становимся с ними единым целым. Восхождение — это процесс подъема через множество взаимосвязанных духовных уровней.

Поразмыслите над стихом в Священном Писании: "Будьте святы, потому что Я свят": это не просто команда к действию, а скорее приглашение перейти в некое состояние бытия. Принимая его, вы помещаете себя в божественную реальность. Восхождение играет решающую роль в раскрытии сознания бытия, приводя к состоянию покоя в божественном шаломе. Восхождение не столько приносит мир, сколько закрепляет вас в этом царстве. Иисус — князь мира, и структура восхождения "סלו" охватывает царства шалома, раскрывая измерения седьмого дня. По мере того, как мы продолжаем расти и развиваться, наше осознание расширяется. Как только мы открываем эти сферы, мы познаем состояние бытия.

В нашей практике восхождения Яхве продолжает раскрывать откровения. Весь процесс служит для раскрытия памяти, эффективно возвращая нас к нашему первоначальному положению, состоянию, проявлению и авторитету.

В Евангелии от Матфея 7:7 говорится: "Просите, и дано будет вам; ищите, и найдете" — это восхождение. "Стучите, и откроют вам" — проявленное восхождение.

ОТКРОВЕНИЕ ЗАИН (ז): ЗАВЕРШЕНИЕ И ЦАРСТВОВАНИЕ

Седьмой день представляет букву "заин" (ז), которая имеет числовое значение семь и глубоко связана с концепциями покоя, завершения и царствования. Тогда как "вав" — прямая линия, представляющая связь, "заин" — это увенчанная короной "вав", означающая возвышение связи до уровня суверенитета. С мистической точки зрения седьмой день представляет собой кульминацию — момент, когда божественный потенциал достигает расцвета.

В этот день Бог говорил с Моисеем не как со слугой, а как с царем, подтверждая его роль Элохима, уполномоченного Богом правителя. Седьмой день пронизан покоем, состоянием завершенности и готовности к осуществлению божественной цели. Данный покой становится отражением субботы, когда творение делает паузу, чтобы отразить божественное совершенство.

Связь между "заин" и королевской властью подчеркивается ее символической ассоциацией с мечом. Символизируя покой, заин также олицетворяет готовность использовать божественную власть в соответствии с Божьей волей. Общение между Богом и Моисеем на седьмой день означает как кульминацию, так и подтверждение готовности Моисея вести, управлять и быть божественным каналом Бога.

Взаимодействие "ו" и "ז" отражает движение между физическим и духовным, временным и вечным. В течение этих шести дней Моисей восходит по духовным сферам, постепенно сбрасывая слои своей ограниченной человеческой идентичности и восходя к своему божественному потенциалу. Восхождение в данном контексте — это не просто внешнее событие, а внутреннее раскрытие тайн, закодированных внутри него.

Каждый день пребывания Моисея на горе соответствует ступени на "лестнице восхождения", где "вав" служит структурными ступенями, а "заин" отмечает переход к окончательному, увенчанному состоянию. Это путешествие отражает процесс духовного роста, прохождение через фазы трансформации, пока вы не будете готовы полностью принять божественное откровение и действовать в соответствии с ним.

Когда наступает седьмой день, Яхве говорит, подтверждая правление Моисея. Это взаимодействие подчеркивает, что божественная власть не навязывается извне, а пробуждается изнутри. Признавая Моисея Элохимом, Бог открывает, что личность Моисея была оживлена благодаря трансформации: Моисей больше не просто слуга, а личность, воплощающая божественный образ. Ему доверены полномочия управлять, руководить и действовать в качестве посредника между небом и землей, божественно предназначенного для раскрытия сапфировых скрижалей. Отрывок в книге Исход 24:15-16 заключает в себе глубокое мистическое путешествие, где "вав" символизирует сам процесс соединения и преобразования, а "ר" предвещает исполнение Божественной цели. Вместе они раскрывают более глубокую истину о том, что восхождение — это одновременно и возвращение к своему божественному происхождению, и обретение своей законной власти как со-творца с Богом.

"Покой становится отражением субботы (Шаббата), когда творение делает паузу, чтобы отразить божественное совершенство".

ТАЙНА 40 ДНЕЙ И 40 НОЧЕЙ

Исход 24:17-18 (НРП) "Для израильтян слава Господа была подобна пожирающему огню на вершине горы. Моисей вошел в облако и поднялся на гору. Он **оставался** на горе **сорок** дней и **сорок** ночей".

Взойдя на гору Синай, Моисей достиг состояния совершенной гармонии с бесконечным светом.

Еврейский термин, используемый для описания его "пребывания" на горе — אֶהְיֶה (эх-йе(х)) — происходит от того же корня, что и Божье самооткровение: "Я ТОТ, КТО Я ЕСТЬ". Данная лингвистическая связь подразумевает, что 40-дневный опыт Моисея выходил за рамки простого физического присутствия: он воплощал глубокое духовное слияние с самой сущностью Бога.

Слава Господня явилась как "огонь поядающий" (Исход 24:17), символизирующий преобразующую силу божественного присутствия. Согласно учению раввина Абрахама Абулафии, эта встреча положила начало глубокой духовной трансформации, когда растворились границы между человеческим и божественным сознанием. Огонь олицетворял не разрушение, а трансформацию, процесс духовного совершенствования, который позволил Моисею преодолеть физические ограничения. В этом красота восхождения — БЕЗГРАНИЧНЫЕ ВОЗМОЖНОСТИ!

Число 40 соответствует еврейской букве "מ" (мем). "מ" представляет воду, как физическую, так и духовную, и служит воротами к изначальной мудрости. 40-дневный период представляет собой полный цикл трансформации, во многом подобный 40 неделям человеческой беременности или 40 годам скитаний по пустыне.

Этот период делится на 40 дней и 40 ночей, представляя двойственную природу духовной реальности.

-   40 дней символизируют исследование "маим элионим" (верхних вод), связанных с открытой мем (מ)

-   40 ночей соответствуют "маим тахтоним" (нижним водам), представленных закрытой мем (т.наз. "мягкой", "мем софит") (ם)

Тексты Зоара учат, что разделение верхних и нижних вод в книге Бытия отражает космическую реальность, с которой столкнулся Моисей во время своего восхождения на гору. Это разделение, однако, предназначено не для поддержания разделения, а для создания священного союза. 40-дневный опыт Моисея символизировал гармоничную интеграцию этих вод: мистическое слияние Небесной и земной, мужской и женской энергий. Поскольку имя Моисея начинается с "n", оно служит воротами для того, чтобы его личность могла соединиться с небесным планом, пробуждая его древний свиток как хранителя тайн. Именно скрытое и потенциальное слияние ведет к божественному откровению... Моисей — тот, кто раскрывает.

В течение 40 дней произошла трансформация, позволившая ему служить живым мостом, соединяющим эти сферы. Его встреча с божественным союзом стала моделью для всего последующего духовного восхождения, раскрыв способность человеческого сознания гармонировать с божественной волей и проявлять духовные реальности. Этот мистический процесс переплетает человеческую и божественную сущности, поскольку длительное погружение в божественное присутствие изменяет человеческое сознание, позволяя ему отражать божественную реальность. "Христос в вас — надежда славы" представляет огромный потенциал внутри вас, и восхождение является ключом к его проявлению. Раввин Исаак Лурия описывает этот процесс как духовное "запечатление", при котором божественные паттерны шифруются в человеческом сознании. 40-дневный период обеспечил продолжительность для завершения этой трансформации.

В течение своего 40-дневного опыта Моисей углубился в то, что в мистических текстах называется "матрицей творения" — пространство совместного творчества, где божественная воля материализуется в физическую реальность. Буква "мем" символизирует эту матрицу, представляя живот или матку. Этот период стал свидетелем духовного развития Моисея, характеризующегося трансформацией его сознания в соответствии с божественными образцами.

Трансформация привела к тому, что Моисей обрел способность получить и передать Тору. Скрижали, которые он принес с горы, представляли закон, но также воплощали божественную мудрость в физической форме. Эти две таблички служат отражением двойственности, присутствующей в верхних и нижних водах, небе и земле, мужском и женском аспектах, гармонично объединенных благодаря преобразующей силе 40.

Союз верхних и нижних вод говорит об объединении духовного прозрения с практическими действиями. Символ "מ" служит напоминанием о том, что все творение возникает из божественного единства и возвращается к нему. Эта таинственная концепция подчеркивает важность истинной духовной трансформации и необходимость практики восхождения, во время которой мы учимся объединять небо и землю, дух и материю. Поступая таким образом, мы раскрываем более глубокое осознание нашей способности к сотворчеству.

Исход 24:18 "Моисей вошел в облако и поднялся на гору. Он оставался на горе сорок дней и сорок ночей". В **Новой Версии короля Якова** говорится: "И вошел Моисей в средину облака и взошел на гору. И был Моисей на горе сорок дней и сорок ночей. И воззвал Господь из облака. И вошел Моисей".

Между словосочетаниями "40 дней" и "40 ночей" стоит еврейская буква "ו" (вав). Конструкция выглядит как "מ-ו-מ" (мем-вав-мем), причем последняя "мем" закрывает слово. Это означает, что Моисей был вплетен в зеркальные измерения тайн Царства Божьего.

Первая "ו" в Священном Писании появляется в **Бытие 1:1**, между небом и землей. Положение "ו" в Книге Бытия подтверждает позицию Моисея, призванную переносить из небесного царства в земное.

"В сфере управления тайнами Бог вверяет вам откровение, которое вы должны лелеять. Ваша власть и ответственность в том, чтобы определить, как это откровение проявляется на земле".

Как "вав", число 6, представляющее человечество, вы являетесь связующим звеном, позволяющим другим ощутить сверхъестественное через их встречи с вами. Вы — проводник и ретранслятор тайн.

Подумайте о духовной магистрали, которую вы собой воплощаете, и о вашей способности влиять на атмосферу, куда бы вы ни пошли — в торговые центры, на рабочие места, везде. Как упоминалось ранее, "ı" грамматически функционирует как конверсионный префикс, то есть, она преобразует глаголы из прошедшего в будущее время и наоборот. Это предполагает функционирование вне пространственно-временных ограничений: время служит вам, поскольку вы существуете "наверху".

По иронии судьбы, когда я искал еврейское слово, сочетающее буквы "мем", "вав" и "мем" (מום), я наткнулся на слово, которое поначалу меня разочаровало: на иврите оно означает "пятно" или "изъян". Однако, через вдумчивое размышление и медитации я пришел к пониманию его глубокой связи с нашим восхождением в Иисусе. Ясно, что вы не можете вступить в духовную сферу вне креста. Это слово служит откровением о том, что восхождение существует исключительно во Христе. Хотя практикующие Нью Эйдж и оккультисты могут пробовать подобные практики, на самом деле они взаимодействуют с разными сферами, открывая свой дух влияниям, которые не сосредоточены на Христе.

Левит 21:23 (НРП): "...но из-за изъяна он не должен приближаться к завесе или подходить к жертвеннику, оскверняя Мое святилище. Я — ГОСПОДЬ, Который освящает их".

То же самое слово, обозначающее "изъян" (מום) появляется в Песне Песней Соломона 4:7: "Милая моя, ты вся прекрасна, в тебе нет изъяна!". Во Христе, как раскрывает Песнь Песней через своего Царя, мы находимся в идеальном положении, чтобы взойти ввысь и покорить небеса.

Давайте поймем: восхождение — это, по сути, практика, ориентированная на Христа, — Сыны Божьи практикуют восхождение. То, что Нью Эйдж и оккультизм переняли схожие практики, заставляет некоторых ошибочно утверждать, что мы участвуем в их ритуалах. Как часто Яхве призывал Моисея? Как часто Он приказывал Иоанну "подняться"? Его постоянное приглашение манит вас подняться, раскрыть и заявить о своем истинном положении. Вы — перекресток, на котором сходятся небеса и земля, порождая внушающие благоговейный трепет и загадочные чудеса.

Восхождение активации над "מ" (мем) и водами доступны в конце книги.

ТАЙНА СТОЛБА ОБЛАЧНОГО И ВРАТ ВОСХОЖДЕНИЯ

Исход 33:8-11 "Всякий раз, когда Моисей шёл к шатру собрания, народ поднимался и, стоя у входа в свои шатры, смотрел на Моисея, пока тот не входил в шатер. Как только Моисей входил в шатер, **облачный столб** опускался и стоял у входа, пока Господь говорил с Моисеем. Народ, при виде облачного столба у входа в скинию, вставал и кланялся, каждый у входа в свой шатер. Господь говорил с Моисеем лицом к лицу, как человек говорит со своим другом. Потом Моисей возвращался в лагерь, но его молодой помощник Иисус, сын Навин, не покидал шатра".

Хотя Моисей физически не поднимался на гору, Бог создал восхожденное состояние, заставив столб опуститься над шатром, служа порталом восхождения. Это замечательное зрелище побуждало людей кланяться, каждого у входа в свой шатер.

Именно в это время Яхве разговаривал с Моисеем лицом к лицу, как человек разговаривал бы с другом. Тогда, когда Моисей затем возвращался в лагерь, его помощник Иисус, сын Навина, оставался в шатре. Это предвещало постоянное восхожденное состояние, которое мы имеем во Христе.

Иисус Навин олицетворяет Иисуса. Когда Христос пребывает внутри нас, мы никогда не покидаем шатер, не спускаемся с горы и не оставляем свое восхожденное состояние. Практикуя восхождение, мы раскрываем повышенное осознание своего положения рядом со Христом в небесных сферах. По мере того как мы продолжаем восходить, наше понимание этих сфер углубляется, и мы получаем все большее представление о том, что Иисус открывает для нашего активного участия.

Облачный столб у входа в шатер, реальная колонна, соединяющая верх и низ, создавал пространство для перемещения между мирами. На иврите, этот столп עמוד (ам-муд) изображает собой массу частиц воды, водную атмосферу, которая раскрывает тайны Его образа. Моисей, как лестница ДНК "ו", мог входить и участвовать в этом сдвиге измерений.

Что касается порталов и шлюзов — еврейское слово "петах" (פתח) означает "дверь, проем, портал". С другими точками произнесения гласных פֶּתַח "пе-тах", эти же буквы передают значение "откровение". Когда Йешуа заявляет: "Я есмь дверь",

Он говорит о путях, которыми мы входим и выходим.

Иеремия 17:19-20 (НРП) иллюстрирует это так: "Так сказал мне Господь: Пойди и встань у Народных ворот, через которые входят и выходят цари Иудеи, а потом иди и встань у других ворот Иерусалима. Скажи им: Слушайте слово Господне, цари Иудеи и весь народ Иудеи, и все жители Иерусалима, кто ходит через эти ворота".

Физические ворота Иерусалима служили отражением действий в духовной сфере: именно тут происходили суды, приговоры и королевские указы. Теперь, на нашем пути восхождения, Иешуа становится нашими вратами, окруженными сущностями, которые помогают нам на этом пути.

Как Сыны Божьи, мы обладаем полномочиями отдавать приказы у этих ворот. Эта концепция прекрасно отражена в **Откровении 3:20 (НРП)**, где говорится: "Вот Я стою у двери и стучу. Кто услышит Мой голос и откроет дверь, к тому Я войду и буду ужинать с ним, а он — со Мной".

Сила выбора остается за нами, что делает процесс восхождения еще более важным: в этом заключается вся суть ситуации. Выбор — это катализатор для рождения новых творений. Когда мы переплетаемся с божественным, происходит высвобождение — потому, что это наш выбор. Таким образом, в игру вступает идея порталов, шлюзов и переходов между измерениями. Принимая решение открыть свой разум и взойти на гору, мы не только углубляем свою связь с духовным, но и играем решающую роль в возрастании нашей зрелости. Рассмотрим образы лестницы Иакова:

Бытие 28:12 (НРП) "Ему приснился сон: он увидел лестницу, которая стояла на земле, а верхом достигала неба, и ангелы Бога поднимались и спускались по ней".

С живущим внутри вас Христом вы становитесь источником духовного восхождения.

ВРАТА ВОСХОЖДЕНИЯ: МИСТИЧЕСКАЯ ДВОЙСТВЕННОСТЬ תֶּפֶ (ПЕТАХ) и דֶּלֶת (ДАЛЕТ)

В ландшафте еврейского мистицизма, термины פֶּתַח (Петах) и דֶּלֶת (Далет) служат архетипами духовных проходов-врат. Хотя и то, и другое слово передает образ дверей и порталов, их мистическое значение различается, представляя разные аспекты доступа и откровения.

Эти два портала — один динамичный и преобразующий, другой скромный и приглашающий — освещают различные этапы пути восхождения сына.

ПЕТАХ: ВРАТА ОТКРОВЕНИЯ

Еврейское слово "פֶּתַח" (петах) переводится как "портал", "открытие" или "врата". Корень "פתח" означает "открывать" или "раскрывать". "Петах" — это активный порог, пространство, соединяющее конечное и бесконечное. Оно призывает вас сделать шаг вперед, участвуя в преобразующем действии, которое раскрывает скрытые тайны.

"Петах" — это воплощение *откровения и трансформации.* Оно представляет собой критический момент, когда неоформленное пересекается с божественным. В отличие от статичного дверного проема, он полон потенциала, приглашает к участию и принятию решений, символизируя переход в новые сферы понимания.

Гематрия "פתח" — число 488, усиливающее его мистическое значение. Это числовое значение соединяет "Петах" с "חפת" (чафат), с той же гематрией или числовым значением, которое означает "обертывать" или "связывать". Здесь "פתח" заворачивает вас в тайну, а "חפת" привязывает божественные тайны к вашей мантии.

В Бытие 4:7 Бог предупреждает Каина: "Если ты будешь поступать правильно, неужели ты не будешь принят? Но если ты поступаешь неправильно, то у твоих дверей притаился грех (פתח)".

Здесь "петах" представляет собой ключевой выбор — либо врата к праведности, либо ко греху. Это одновременно и возможность, и вызов, отражающий двойственность свободной воли. Мистические писания описывают "Шехину", или Божественное Присутствие, стоящее у "петаха" в ожидании взаимодействия. Это иллюстрирует "петах" как пространство, где божественная энергия становится доступной, но только через действия человека.

"Петах" необходим тем, кто готов принять духовное откровение. Он символизирует стадию восхождения, когда вы активно вступаете в неизвестные измерения, раскрывая тайны и способствуя трансформации. Это ворота мужества и инициативы, где импульс и выбор определяют прогресс.

ДАЛЕТ: ДВЕРЬ СМИРЕНИЯ И ПРИГЛАШЕНИЯ

В отличие от "петаха", "דֶּלֶת" (далет) передает более тихие и аккуратные ворота. Имея переводом слово "дверь", "далет" вызывает образ порога, который ждет, когда его откроют. Его корень, דל (дал), означает "бедный" или "смиренный", связывая далет "דָ" со смирением и готовностью. Там, где "петах" вызывает движение, "далет" призывает к спокойствию и подчинению. Мой драгоценный приятель, Джастин Пол Абрахам, постоянно напоминает, что через "דָ" дверь находится в полу.

"Далет" отражает *смирение, служение и божественное приглашение.* Это дверь, которая терпеливо ожидает встречи, воплощая спокойную готовность принять божественное влияние. Акт открытия "далета" — это акт подчинения, признание зависимости сына от божественной благодати, воплощенной в Иисусе.

При переставить буквы местами, превратив "דלת" в "תלד", получается фраза **"она родит"**.

Бытие 17:16 "Я благословлю ее, и она родит сына".

Дверь "далета" таит в себе выполненные обещания.

Откровение 3:20, Христос провозглашает: *"Се, стою у двери (דֶּלֶת) и стучу: если кто услышит голос Мой и* *отворит дверь, Я войду…"*

Этот отрывок иллюстрирует "далет" как интимный момент приглашения, где божественное общение становится возможным для тех, кто желает открыть свои сердца. Мистические учения раскрывают, что "далет" (т) является каналом получения благословений, но они зависят от готовности человека откликнуться. "Далет" олицетворяет порог готовности, момент выбора для обретения божественной связи.

"Далет" важна для сыновей, поскольку она связывает смирение с его божественным влиянием. Она представляет собой стадию восхождения, отмеченную тихой капитуляцией и интимным общением, когда вы становитесь каналом для божественной благодати.

ВЗАИМОДЕЙСТВИЕ МЕЖДУ ПЕТАХОМ И ДАЛЕТОМ:

"Петах" и "далет", хотя и разные, взаимосвязаны на пути духовного восхождения.

"Петах" придает вам смелости шагнуть в божественное откровение, а "далет" призывает к спокойствию и смирению, готовности ответить на божественный стук. Вместе они образуют взаимодополняющие врата духовного путешествия, отражающие как динамические, так и принимающие аспекты восхождения.

ПЕТАХ И ДАЛЕТ ОСВЕЩАЮТ РАЗЛИЧНЫЕ ПУТИ РОСТА:

Эти пути не являются взаимоисключающими — они цикличны, проводя вас через развивающиеся отношения с Иисусом. Заявление Йешуа в **Евангелии от Иоанна 10:7-9**: *"Я есмь дверь"*, охватывает как "петах", так и "далет". Они

— портал активного действия, через который открываются тайны, и скромная дверь, через которую текут благословения.

В своем взаимодействии "петах" и "далет" раскрывают суть восхождения: баланс между импульсом и спокойствием, действием и восприимчивостью. Вместе они ведут сыновей к преображению и более глубокому единению в Яхве.

ТАЙНА БЛАГОСТИ И ПЕРЕХОДА

Исход 33:15-20 НРП "Тогда Моисей сказал: "Если Ты не пойдешь с нами, то и не выводи нас отсюда. 16 Откуда станет известно, что Ты благосклонен ко мне и Своему народу, если Ты не пойдешь с нами? Что ещё отличит меня и Твой народ от прочих народов на земле?" 17 Господь сказал Моисею: "Я сделаю то, о чем ты просишь, потому что благосклонен к тебе и знаю тебя по имени". 18 Тогда Моисей сказал: "Прошу, покажи мне Свою **славу**". 19 Господь сказал: "Я **покажу всё Свое великолепие** (в переводе NIV: заставлю свою **благость пройти перед тобой**) и **возвещу** Свое имя Господа. Я помилую того, кого помилую, и пожалею того, кого пожалею. 20 Но лица Моего ты не увидишь, потому что никто не может увидеть Меня и остаться в живых".

Этот отрывок поначалу озадачил меня: Моисей, уже переживший облако славы, столп тьмы, само лицо Яхве на вершине горы, просит увидеть Его славу, и в довершение всего ему не было позволено увидеть лицо Бога.

Еврейское слово, обозначающее славу, "כָּבוֹד" (кавод) — великолепие, проявление божественной силы. Подобная слава, проявленная во всей своей полноте, уничтожила бы все в своем присутствии. Слава проявляется визуально и эмпирически, чего и добивался Моисей. Разве это не та слава, которую он испытал на вершине горы? Очевидно, что это было нечто большее.

Господь ответил: "Я покажу всё Свое великолепие". Это заявление является важным, поскольку оно показывает еврейское слово "я" как "עָרַב" (абар), что означает "переход" и происходит от корня слова "עבר", что означает "еврей". Интересно, что оно также несет в себе значение "простить". Используя это слово, Яхве обращался непосредственно к ДНК Моисея и его еврейской идентичности, устанавливая мощную связь между переходом добра через прощение и высшее проявление славы.

На иврите различие между славой, известной как "כָּבוֹד" (кавод), и благостью, обозначенной словом "טוֹב" (таб), имеет значение. В то время как слава служит проявлением Божьего могущества, благость демонстрирует Его красоту и чистоту. Она позволяет нам ощутить Божью святость, не будучи подавленными разрушительной силой Его могущества.

Во фразе Священного Писания "пройти перед тобой" используется слово "פָּנֶה" (панех) — лицо, взаимодействие лицом к лицу. Когда благость прошла перед Моисеем, это была благость и чистота Яхве. У них было взаимодействие лицом к лицу, раскрывающее божественную природу их связи.

Я "провозглашу" Мое имя — здесь стоит слово "קָרָא" (кара) — то же слово, которое использовано, когда Бог "призвал" Моисея. Это призвание призвало его в божественное присутствие, объявило о его статусе Сына Божьего, воззвало к благословению Моисея как Элохима и вызвало поклонение. Итак, Бог провозгласит Свое имя перед лицом Моисея.

В этой встрече мы становимся свидетелями деликатного танца силы и присутствия, славы и благости, который составляет основу мистической мысли. Просьба Моисея увидеть Божью славу (кавод) раскрывает тайну о том, что всегда существуют более глубокие уровни божественного откровения и невысказанные тайны: им нет конца, и каждое откровение лишь намекает на еще большие глубины за его пределами.

Через слово "עֲבֹר" (абар) Бог обращается не только к Моисею, а через него, зашифровывая суть изначальной личности — вечный переход. Этот лингвистический мост соединяет физический акт перехода с духовным актом трансформации.

Взаимодействие между "כָּבוֹד" (кавод) и "טוֹב" (тав) раскрывает мистическую истину: что наивысшая слава Бога проявляется наиболее совершенно не в подавляющей силе, а в близком переживании Божественной благости: Бог как бы сжимает Самого Себя, создавая пространство для встречи с человеком. Его благость лишена каких-либо проявлений, достоинства или квалификации — это бесплатный дар прощения, который мы имеем в Иисусе. Взаимодействие лицом к лицу (פָּנֶה — "панех") перекликается с мистическим, где божественное и человеческое встречаются в преобразующем общении, в царстве завершенности.

Провозглашение (קָרָא — "кара") божественного имени становится не просто объявлением, но приглашением в саму божественную реальность.

Подобно мистикам, которые считали еврейские буквы каналами божественной энергии, каждое произношение имени создает портал, через который божественное присутствие вливается в человеческий опыт.

Сефер Хабахир: "Переход света — это секрет творения: движение от сокрытия к проявлению".

Как однажды написал еврейский мистик Авраам Джошуа Хешель: "Высочайший пик духовной жизни — это не обращение к Богу в молитве — это позволение божественной доброте течь через вас". В этот момент с Моисеем мы видим образец для всех мистических встреч — где слава становится добром, где сила становится присутствием, и где бесконечный Бог дает Себя познать близко через человеческий опыт.

В древней мудрости мистиков кроется преобразующая истина — мы существуем одновременно в нескольких мирах, обладая способностью преодолевать завесы между ними. Это искусство перехода, встроенное в еврейское слово "עָבַר" (абар) говорит о мистической способности человечества соединять небо и землю, материю и дух, конечное и бесконечное, и алхимию объединения.

Подобно воде, текущей между сосудами, божественный свет ищет каналы, по которым он мог бы излиться в наш мир. Сердце праведника становится этим сосудом — не пассивным вместилищем, а активным преобразователем небесных энергий. Когда мы настраиваем наш внутренний компас на божественную цель, мы становимся живыми мостами, святыми перекрестками, где вечное переходит в физическое.

Трансформация — это не только личное возвышение, но и превращение в живой портал, через который божественная доброта вливается в мир, жаждущий света, где целуются небо и земля. В каждый момент молитвы, медитации или сострадательного действия мы принимаем участие в этом космическом переходе, в этой святой алхимии, где человеческие ограничения становятся тем самым сосудом для безграничного божественного выражения.

Секрет заключается не в том, чтобы избежать своей человечности, а в том, чтобы сделать ее прозрачной для трансцендентного, позволив нашим сердцам стать чистыми каналами, через которые вечный свет может озарить мир.

Древние тексты Зоара учат: "Нет места, свободного от Него, и все же Его нельзя познать".

Возможно, этот парадокс находит свое разрешение именно в этом отрывке, где непознаваемый Бог открывает себя не через всепоглощающую славу, а через непосредственное переживание Своей благости, преображающей сынов Божьих.

Упоминание Яхве, "проходящего мимо" Моисея в традиционных переводах, могло подразумевать ощущение разделения между Богом и Моисеем. Однако Яхве фактически открывал другую сферу внутри Моисея: в отличие от того, что было на горе, Моисей не был в восхожденном состоянии. У него, в отличие от нас, не было Христа внутри себя как "надежды славы". Напротив, теперь мы обладаем полнотой Яхве, обитающей внутри нас. Наше путешествие восхождения позволяет нам постоянно осознавать Его славу. Именно благодаря нашему присутствию в этом мире мы можем созреть во встречах с Яхве и сотрудничать с Иисусом в процессе сотворчества.

Иоанна 1:18 (НРП) "Бога никто никогда не видел, Его

явил нам единственный Сын Его, пребывающий у самого сердца Отца, и Который Сам — Бог".

Перевод "Зеркало" 1:18 "До этого момента Бог оставался невидимым; теперь подлинный, воплощенный рожденный Сын, изначальный образец человека, представляющий сокровеннейшее существо Бога, Сына, пребывающего в лоне Отца, представляет Его во всей красе! Он — официальная власть, уполномоченная провозглашать Бога! Он — наш проводник, который точно провозглашает и интерпретирует невидимого Бога внутри нас".

Иисус в нас открывает все, и из-за этого мы больше не находимся в том положении, где Бог говорит: "Ты увидишь Мою спину, ибо никто не может увидеть Мое лицо и остаться в живых". Все потому, что само Его существо теперь обитает внутри нас как в Его храме.

"Божественная искра внутри человека жаждет воссоединения со своим источником, ибо свет, скрытый внутри, должен быть раскрыт".

Перевод "Зеркало" Колоссянам 1:27 "В нас Бог желает явить бесценное сокровище пребывающего внутри Христа; каждый народ узнает Его, как в зеркале! Раскрытие Христа в человеческой жизни завершает все ожидания человека".

Исход 33:21-23 (НРП) "Господь сказал: "Вот место рядом со Мной — встань тут на скале. Когда будет проходить Моя слава, Я поставлю тебя в расселину скалы и покрою тебя рукой, пока не пройду. Когда Я уберу руку, ты увидишь Меня сзади, но Моего лица не будет видно"**.**

Еврейское слово "рядом со мной" содержит "אל" — начало и конец. Есть место, где вы можете стоять от начала до конца, царство бесконечности.

Еврейское слово "скала" буквально означает "титул

Бога".

Во **Второзаконии 32:4** мы читаем: "Он — Скала, Его дела совершенны, все Его пути праведны. Верен Бог, не творящий неправды, Он праведен и честен".

Эта тема продолжается во **Второзаконии 32:15**: "Ешурун растолстел и стал упрям; растолстел, обрюзг, разжирел. Он оставил Бога, Который создал его, и отверг Скалу своего спасения".

Когда Яхве поместил Моисея в расщелину скалы, проявилась глубокая духовная реальность. В духе Он поместил Моисея в место полного искупления. Затем Писание провозглашает: "Я уберу свою руку, и ты увидишь мою спину".

В еврейском тексте "את" здесь встречается дважды как признак божественности. Они используются во фразе "Тогда я уберу "את" Свою руку, и ты увидишь "את" Мою спину". Эта связь важна, потому что она согласуется с божественным провозглашением: "Я есмь Альфа и Омега, начало и конец". Поэтому от изначального начала и до изначального конца были открыты Его рука и Его спина. Это зрелище охватывало все творение целиком — от самого начала до самого конца, представляя собой откровение завершения.

Исход 34:1-6 (НРП) "Господь сказал Моисею: «Высеки две каменные плитки, подобные прежним, а Я напишу на них слова, что были на первых плитках, которые ты разбил. Утром приготовься и поднимись на гору Синай. Предстань предо Мной на вершине горы. Пусть никто не поднимается вместе с тобой и не показывается на горе; даже отарам и стадам нельзя пастись у подножия горы». Моисей вытесал две каменные плитки, подобные прежним, и, встав ранним утром, поднялся на гору Синай, как повелел ему Господь. Две каменные плитки он нес в руках. Господь спустился в облаке, встал рядом с ним и возвестил имя Господа. Он прошёл перед Моисеем, провозглашая: Господь, Господь, милосердный и милостивый Бог, медленный на гнев, богатый милостью и верностью".

Исход 34:27-28 (НРП) "Господь сказал Моисею: Запиши эти слова — на их основании Я заключаю завет с тобой и с Израилем. Моисей пробыл там с Господом 40 дней и 40 ночей; он ничего не ел и не пил. Он написал на плитках слова завета — 10 заповедей"

Исход 34:29-35 (НРП) "Спустившись с горы Синай с двумя каменными плитками свидетельства в руках, Моисей не знал, что его лицо сияет после того, как он поговорил с Господом. Когда Аарон и израильтяне увидели, что лицо Моисея сияет, они боялись приблизиться к нему. Но Моисей позвал их, и тогда Аарон и вожди народа подошли к нему, и он говорил с ними. После этого к нему приблизились израильтяне, и он передал им заповеди, которые Господь дал ему на горе Синай. Закончив говорить с ними, Моисей опустил на лицо покрывало. Но, входя к Господу, чтобы говорить с Ним, он снимал покрывало до тех пор, пока не выходил. Когда он выходил и передавал израильтянам, что ему было велено, они видели, что его лицо сияет. Потом Моисей опять опускал на лицо покрывало до тех пор, пока не входил говорить с Господом".

Здесь описываются два события: Моисей получил скрижали божественной работы, как записано в еврейских писаниях Луи Гинзберга, "Легенды евреев". Эти скрижали, сделанные из Божьего трона, имели прямое божественное авторство. Вернувшись после 40-дневного отсутствия, Моисей обнаружил, что израильтяне сделали золотого тельца и поклонялись ему. Этот акт предательства наполнил Моисея праведным гневом, заставив его разбить священные скрижали.

Второе событие имеет большое пророческое значение. После того, как Моисей пережил мистическую встречу в скалистой расщелине, мимо которой прошло славное присутствие Бога, он получил божественные указания тщательно вырезать новые скрижали. Это было похоже на то, как если бы Моисей взял скрижали из сердца Яхве и изящно выгравировал их, символизируя значение скалы и то, что она собой представляет. Этот символический акт отражает пророческие слова Исайи и их исполнение в **книге Пророка Иеремии 31:33**: "Я вложу в них закон Мой и напишу его на сердцах их". Переход от божественного мастерства Яхве при создании скрижалей к умелым рукам Моисея пророчески означает будущее усвоение Слова сынами Божьими, которые являются живыми камнями. В первом случае Яхве взял сапфировые камни с трона, а во втором случае он попросил Моисея сделать скрижали еще раз, символизируя переплетение сердец Моисея и Яхве, когда они вместе писали скрижали.

Соавторство при создании вторых скрижалей, в котором участвовали и Бог, и Моисей, является глубоким свидетельством партнерства, в котором переплетаются божественные сферы. Этот акт предвещает окончательную реальность Нового Завета, в котором Божий закон запечатлевается в глубинах нашего существа. Переживая царство слияния со Скалой, руки Моисея соединяются с земным камнем, он вырезает скрижали, создавая мост божественной передачи между небесным и земным царствами. Этот священный момент служит пророческим образом, перекликающимся с обещанием окончательного исполнения завета.

Эта трансформация проявляется в нашей нынешней реальности. Как заявляет Петр, мы — "живые камни" и "царственное священство": наше постоянное общение выходит за рамки традиционных религиозных практик. Будь то на рабочем месте, дома или в условиях служения, мы призваны постоянно осознавать свое положение во Христе. Речь идет не о назначенном времени молитвы, а о том, чтобы стать живой молитвой и ходатайством, существующими в постоянном божественном общении.

"Матрица восхождения" Моисея описывает это преобразующее путешествие. Хотя дополнительные сведения содержатся во внебиблейских источниках, таких как Книга Яшера, сосредоточение внимания на канонических и мистических Писаниях раскрывает глубокие истины, которые часто упускаются из виду. Когда мы осознаем свое положение, божественная слава естественным образом проявляется по мере того, как мы постоянно совершенствуемся как живые скрижали, на которых начертан Божий образ.

Жизнь каждого верующего становится живым документом божественного авторства, сотворчества с Богом, когда мы управляем и повелеваем в соответствии с Его целями. Подобно Моисею, мы являемся распорядителями божественных тайн, наша жизнь постоянно вписывает новые главы в непрекращающуюся историю Божьего искупления, нашего приобщения ко Христу как сотворцов... каков Он, таковы и мы в этом мире.

Прошли те времена, когда мы ограничивали свое посвящение определенными моментами, такими как часы уединенной молитвы на рассвете. Мы должны пробудиться к осознанию того, что мы живые, молящиеся и восходящие существа, постоянно настроенные на божественное царство. Как только это осознание пробуждается, мы обнаруживаем себя постоянно погруженными в резонанс Его голоса и ощутимую сущность Его присутствия.

Мы вечно находимся в положении неопалимого куста, окруженные серафимами, сквозь нас текут буквы иврита, а ангелы восходят и нисходят. Эта глубокая истина превосходит время и актуальна для каждой секунды, минуты, часа и дня круглый год. Мы призваны принять это божественное общение, погрузиться в чувственный гобелен этого вечного путешествия.

Термин "трансцендентный" заключает в себе сферу, лежащую за пределами понимания человеческого опыта, вызывая чувство благоговения и удивления. Восхождение ведет нас в увлекательное путешествие по различным уровням сознания, каждый шаг которого наполнен симфонией образов, звуков и ощущений.

Когда мы пускаемся в это преобразующее приключение, наши чувства обостряются, позволяя нам раскрыть глубокую связь со Христом внутри нас. С каждой ступенью восхождения наши души воспаряют совместно с телами, расширяя разум и охватывая весь спектр духовных измерений. Благодаря этому процессу наше осознание усиливается, действуя как компас, ведущий нас к божественным тайнам. Именно благодаря этому повышенному осознанию мы открываем способность сталкиваться с новыми откровениями и узнавать, как искусно поддерживать присутствие Бога внутри нас.

Поднимаясь на свою гору, вы поднимаетесь по структуре, заложенной в ДНК Христа еще до основания мира. Эта структура — движение всех вещей, активирующее и связывающее цель и предназначение, жизненную силу творения. Вы окутаны структурой, навечно связанной с сущностью Христа. Каждое измерение пульсирует энергией всего творения, переплетаясь с вашей целью и предназначением. Поток первичных воспоминаний оживляет ваш дух, открывая царство полноты, которое вы разделяли с Ним до того, как возникла вселенная.

По мере восхождения перед нами раскрывается воспоминание о нашей полноте в Нем до сотворения мира. Слова Иисуса эхом отдаются в ваших ушах: "Разве Я не говорил, что вы боги?" Воздух наполнен тяжестью этого откровения, откровения, которое превосходит простое понимание: мы наслаждаемся знанием того, что мы — Элохимы, божественные существа. Представление о себе как о богах может показаться ошеломляющим, но это неотъемлемая часть нашей идентичности. Пришло время сбросить завесу и принять свою божественную природу, полностью осознавая свое положение во Христе.

Ваша жизнь возвращается к своему первоначальному состоянию, позволяя вам верить в бессмертие и стремиться к нему.

АКТИВАЦИЯ ПРАКТИЧЕСКОГО ВОСХОЖДЕНИЯ И МЕДИТАЦИИ

Следующие медитации восхождения служат руководством для улучшения и обогащения вашего духовного приключения. Они были написаны для того, чтобы помочь вам задействовать и расширить свое сознание. Помните, что ваше восхождение — это личное путешествие, и вам рекомендуется настраивать и расширять эти медитации в соответствии с вашим уровнем комфорта. Время —

это рекомендация, а не формула. Помните, это ваше путешествие с Иисусом, поэтому примите свою уникальность и развивайте свой собственный личный процесс.

Каждое восхождение начинается с процесса определения своей позиции, который я опубликую один раз, но вы можете применять его к каждому из них.

Позиция для восхождения:

- Найдите свое собственное пространство для восхождения, где царят покой и тишина, и вы можете сосредоточиться, не отвлекаясь ни на что. Сядьте прямо, но удобно, если вам удобнее лежать…то как хотите!

- Укоренение в Писании: используйте соответствующие священные Писания для своего восхождения: "Открой очи мои, и увижу чудеса закона Твоего". (Псалом 118:18). "…возведи очи твои и с места, на котором ты теперь…" (Бытие 13:14).

- Мне нравится причащаться перед преднамеренными восхождениями или медитациями. Иисус, крест, тело и кровь — мои врата восхождения.

- Начните с заземления: нацельтесь на связь с Богом. Визуализируйте дыхание Яхве, соединяющееся с вашим духом. Дышите глубоко — вдыхайте через нос, выдыхайте через рот. Дышите спокойно, отпуская стресс, напряженность и беспокойство. Продолжайте процесс, пока не почувствуете, что ваш дух погружается в царство шалома (умиротворения). Не торопитесь. Войдите в это чудесное состояние.

- Обычно я заливаю немного эфирного масла, например ладана, в диффузор и я звоню в свою поющую чашу. Я взаимодействую с ароматом и частотой звука. "Частота выравнивает вас, а аромат возносит вас".

- Во время своего восхождения визуализируйте, *что* вы вдыхаете и *что* высвобождаете. Ваше воображение творит.

Практические шаги для медитации и восхождения в Мистическое Царство Тьмы вокруг Престола

Вхождение в облако: начальная медитация

1. Осознанное дыхание:

- Закройте глаза и сосредоточьтесь на своем дыхании. Дышите глубоко и медленно, представляя воздух вокруг себя как божественную энергию.

2. Визуализация облака:

- Представьте яркое облако, опускающееся вокруг вас, символизирующее явное присутствие Бога (Исход 19:9).

- Представьте, что это облако окутывает ваши чувства, ваш разум, волю и эмоции, подготавливая вас к более глубокому духовному восприятию.

3. Укоренение в Писании:

- Поразмышляйте над Второзаконием 4:11, размышляя о переходе от облака к кромешной тьме.

- Усвойте истину о том, что Бог призывает вас выйти за пределы поверхностного в более глубокие духовные реальности.

Вхождение в кромешную Темноту

1. Углубление осознания:

- По мере восхождения представьте, что облако сгущается

во тьму. Это не пустота, а священное пространство, наполненное божественным потенциалом.

- Поразмышляйте над словами Исайи 45:3: "Я дам вам сокровища тьмы и скрытые богатства тайных мест".

2. Сосредоточьтесь на Божественном Свете Во Тьме:

- Представьте себе "черный огонь", пылающий во тьме, представляющий собой интенсивное присутствие Бога, скрытое в тайне.

- Поразмыслите над парадоксом света, скрытого во тьме (Второзаконие 4:11).

3. Общайтесь с тишиной:

- Позвольте себе прийти в покой. В этой тишине прислушайтесь к "шепоту небес" — божественному руководству или впечатлениям, возникающим в глубине души. Позвольте тайне тьмы вокруг престола опутать ваш дух.

Восхождение: Встреча с Божественным

1. Отдайтесь Божественному Откровению:

- Представьте, что вы погружаетесь глубже во тьму, где раскрываются слои божественной мудрости и тайны.

- Поразмышляйте над еврейским термином *"арафель"* (кромешная тьма) как о лоне духовного возрождения. Позвольте этому образу пробудить в вас ощущение нового творения.

2. Попросите о Божественных Тайнах:

- В смирении и вере просите Бога открыть сокровища этого мира. Терпеливо ожидайте впечатлений, видений или Священных Писаний, которые придут на ум.

3. **Познакомьтесь с Высшими Царствами:**

●   Будьте открыты для встречи с ангельскими существами, духовными сущностями или божественными энергиями в этом пространстве. Позвольте Богу управлять этой встречей, как это сделал Моисей.

Интеграция и рефлексия

1. **Запишите свой опыт:**

●   После своей медитации и восхождения запишите все мысли, священные Писания или впечатления, которые вы получили.

●   Поразмышляйте о том, как эти озарения могут изменить ваше восприятие Бога и вашей роли в Его божественном плане.

2. **Примените Божественную Мудрость:**

●   Подумайте, как полученные вами сокровища мудрости могут быть применены в вашей повседневной жизни. Это может включать стратегии для личностного роста, работы, служения или духовной практики.

3. **Повторение и прогресс:**

●   Восхождение — это постепенное путешествие. Продолжайте регулярно медитировать, со временем все глубже погружаясь в царство божественной тайны.

Ключи к успеху

●   **Примите неопределенность:** Позвольте неизвестному расширить ваши духовные возможности.

●   **Не торопите себя:** Продвижение в густую тьму отражает путь Моисея: этот процесс требует времени и готовности.

- **Оставайтесь укорененными в Священном Писании:** Закрепляйте свой опыт в библейских истинах, позволяющих отличать подлинные встречи от отвлекающих факторов.

- **Будьте ведомы Духом:** Верьте, что Святой Дух будет направлять и защищать вас на протяжении всего этого процесса.

Выполнив эти шаги, вы войдете в "густую тьму", как в мистическое место близости с Богом, соприкосновения с Его тайнами и открытия скрытых сокровищ божественной мудрости и цели.

Активируйте уровни мистического Видения

Включите позиционирование при восхождении.

1. **Ра'а "רָאָה" (Физическое зрение) — Базовый уровень**

- Откройте глаза и понаблюдайте за своим физическим пространством без оценки или рассуждения.

- Обратите внимание на 3 вещи, которых вы никогда раньше не видели в своем окружении.

- Позвольте глазам смягчиться, позволяя периферическому зрению расшириться: вам надо запечатлеть текущий момент.

- Посмотрите и почувствуйте, как энергия начинает мерцать вокруг объектов, таких как растения и т.д.

- Позвольте распознаванию углубиться дальше поверхностного уровня, практикуйтесь видеть "сквозь", а не "на уровне" объектов.

- Поразмышляйте над опытом Моисея: "Я сверну, чтобы увидеть это великое зрелище" (Исход 3:3)

2. **Хазах "חָזָה" (пророческое видение) — За гранью реальности**

"В ночном видении моем я взглянул и увидел..." (Даниил 7:13)

"Отверзлись небеса, и я увидел видения Божьи" (Иезекииль 1:1)

- Закройте физические глаза, откройте духовные, представляйте.

- Представьте перед своим лицом экран из света с

205

открывающимися портальными вратами, выберите врата для входа.

- Позвольте цветам, символам или сценам течь естественным образом, без какого-либо контроля.

- Не форсируйте образы, позвольте им формироваться и растворяться.

- Обратите внимание на повторяющиеся узоры или символы.

- Выберите год из своего будущего и сосредоточьтесь на образах, которые вы видите повторяющимися в этом году.

- Обращайте внимание на внезапные "загрузки" или озарения

- Практикуйтесь удерживать видения без интерпретации.

- Сразу после этого записывайте все в дневник, чтобы отслеживать закономерности в своем видении.

- Соединитесь с пророческим состоянием: "видит видения Всемогущего; падает, но открыты глаза его" (Числа 24:4).

3. Хибит ''הביט'' (Созерцательное созерцание) — Преобразующий взгляд

"Все мы, с открытым лицом, смотрим, как в зеркало…" (2-е Коринфянам 3:18).

"Господь хотел говорить с Моисеем лицом к лицу" (Исход 33:11).

- Выберите священный предмет или символ, например крест.

- Смотрите на объект мягко, не напрягаясь.

- Позвольте объекту заполнить ваше сознание.

- Обратите внимание, как видение меняет вас внутренне.

- Почувствуйте трансформацию, происходящую благодаря наблюдению.

- Позвольте объекту "учить" вас. То, что вы чувствуете, высвобождается через созерцание.

- Оставайтесь с ощущениями внутреннего сдвига. Это волны, прыгайте на них и плывите по течению.

- Вспомните бронзового змея: "Всякий, кто смотрел на него, оставался жив" (Числа 21:9).

4. **Шур "שור" (Интуитивное Восприятие) — Внутреннее Знание**

"И уши твои будут слышать слово, говорящее позади тебя: "Вот путь, идите по нему", если бы вы уклонились направо и если бы вы уклонились налево". (Исайя 30:21)

"Сын мой, храни здравомыслие и рассудительность" (Притчи 3:21)

- Пусть осознанность будет сосредоточена на вашем сердце.

- Обращайте внимание на незаметные чувства, впечатления, знания. Что такого Иисус пробуждает в вашем сердце?

- Доверяйте первому впечатлению без мысленного анализа.

- Почувствуйте информацию, исходящую глубоко изнутри, по-прежнему сосредотачиваясь на своем сердце как центре.

- Практикуйте "видение" всем своим существом, то есть эмоциями и сердцем. Вы как будто чувствуете, что у всего вашего существа есть глаза. Постарайтесь отделить разум от сердца. Это две разные сферы, для этого потребуется практика.

- Обратите внимание, как интуиция взаимодействует с вашими органами чувств, будучи направляема через ваше сердце: вам нужно активировать интуицию, текущую из центра вашего существа. Чтобы было проще, можно представить божественный поток структуры, соединяющий эти части вместе.

- Визуализируйте в виде картинки то, что, как вы чувствуете, исходит из вашего сердца, это активирует его как центр внутреннего знания.

- Записывайте впечатления, льющиеся из вашего сердца.

5. **Цафа "צָפָה" (Бдительное наблюдение) — Зрение Хранителя**

"Сын человеческий, Я поставил тебя стражем..." (Иезекииль 3:17)

"На стражу мою стал я и, стоя..." (Аввакум 2:1)

- Пусть ваша осознанность расширится на 360 градусов вокруг

- Почувствуйте защитную одежду Иисуса вокруг себя.

- Замечайте духовную атмосферу и сдвиги, визуализируйте их.

- Почувствуйте ангелов и духовные сущности, находящихся вокруг вас.

- Развивайте стратегическое понимание духовного ландшафта, обращайте внимание на то, какие детали, улавливаемые вами, меняются.

- Расширьте свое сознание вокруг этих меняющихся атмосфер, постоянно подключая к этому свое воображение

- Что Иисус выдвигает на первый план?

- Направьте свою энергию на то новое, что вы ощущаете.

- Воплощайте: "Я молюсь, чтобы (Бог)... просветил очи сердца вашего, чтобы вы познали, в чем состоит надежда призвания Его". (Ефесянам 1:18)

6. Ашар "אשׁר" (Подтвержденное Видение) — Божественное Подтверждение

"И уши твои будут слышать слово, говорящее позади тебя: "Вот путь..." (Исаия 30:21)

"Когда придет Он, Дух истины, то наставит вас на всякую истину" (Иоанна 16:13)

- Представьте, что голос Яхве — как частота, обернутая вокруг вашей ДНК.

- Представьте, что частоты ваших глаз и ушей переплетаются и становятся единым целым.

- Дышите на частоте мудрости (представляйте это).

- Сосредоточьтесь на чем-то конкретном в своей жизни, для чего вам необходимо божественное озарение.

- Обратите внимание, что несет божественный "вес" или подтверждение в вашем духе.

- Пусть ваше представление согласуется с тем, что вы ощущаете в духе.

- Практикуйтесь отличать истинное впечатление от

ложного — это часть пути.

- Практикуйтесь слышать то, что вы видите, позволяя звуку расширять ваше видение.

- Полностью доверяйте подтвержденным откровениям: соединяйтесь с ангелом веры в своем путешествии.

- Покойтесь в подтверждении: "Даруй же рабу Твоему сердце разумное, чтобы судить народ Твой и различать, что добро и что зло". (3 Царств 3:9)

Восхождение в звуке и частоте

(Время дано ориентировочно)

1. **Позиционирование для восхождения (10-15 минут)**

2. **Настройка звуком (5 минут)**

- Начните напевать низким, ровным тоном. Можно поэкспериментировать, пока не выберете тон, который, по вашему мнению, активизирует звучание в вашем духе.

- Постепенно увеличивайте громкость. Сосредоточьтесь на звуке как на активаторе, а не на его громкости. Иногда мне нравится использовать поющую чашу, которую я держу в руке, и, когда я звоню в чашу, я вдыхаю эту частоту в свое тело и впитываю вибрации через свои руки.

- Продолжайте, пока не почувствуете вибрации в своем теле.

- Визуализируйте звук, поднимающийся по спирали вверх по лестнице вашей ДНК.

3. **Активация ДНК (7-10 минут)**

- По мере звучания, сосредоточьтесь на своем позвоночнике.

- Представьте себе светящиеся нити ДНК

- Позвольте каждому звуку "разблокировать" клеточную память (визуализируйте это): вы активируете изначальные звуки, встроенные в ваш дух. При необходимости регулируйте звук и тембр по ходу восхождения, согласовывая физический звук с тем, что вы слышите в духе. Для каждой активации он может быть другим.

- Почувствуйте, как энергия частоты движется вверх по вашему телу.

4. Сдвиг измерения (10 минут)

- Позвольте звуку проникнуть внутрь: вместо того, чтобы издавать звук, сосредоточьтесь и представьте, как он движется внутрь вашего духа.

- Обратите внимание на то, как промежутки между мыслями расширяются, превращаясь в картинки частотных сфер. (Эти образы и то, как они разворачиваются, будут для каждого уникальными.)

- Высвободите духовное осознание: звук активизирует дух и духовные сущности — взаимодействуйте с ними.

- Откройте себя для более высоких частот: почувствуйте и поднимите свои чувства на более высокие уровни, слыша или ощущая новые звуки.

5. Принятие знания (10-15 минут)

- Войдите в состояния восприимчивой тишины.

- Позвольте божественным озарениям течь. Соединитесь с загрузками откровения в свой дух.

- Отмечайте возникающие символы, формулы или мудрость. (Записывайте то, что вы видите или переживаете.)

- Оставайтесь открытыми без привязанности.

6. Интеграция (5 минут)

- Медленно уменьшайте звук

- Закрепите свои откровения в теле: визуализируйте, как все, что вы пережили, нашло пристанище в вашем духе.

- Соедините откровения с повседневной жизнью.

- Выразите благодарность.

Практические шаги и активации: взаимодействие с Сферой Сапфира и Сапфирового трона

Сфера Сапфира олицетворяет божественное откровение, небесное управление и соединение с тайнами Яхве. Следующие шаги нужны для практической активации для соединения с сапфировым измерением, получения доступа к божественному откровению и согласования со своей ролью со-творца в небесных сферах.

1. **Определение позиции**

2. **Взаимодействие с сапфировым полом: визуализация и соединение**

- **Восхождение в Сферу Сапфира**:

  - Закройте глаза и представьте себя стоящим у подножия огромной горы, сияющей ослепительным синим светом. Услышьте приглашение Яхве: "Взойди сюда, и Я покажу тебе грядущее".

  - Начинайте восходить шаг за шагом, провозглашая с каждым шагом: "Я восхожу во Христе, восседающем на Небесах. Я сосредоточиваю свой разум на небесном".

- **Окажитесь на Сапфировом полу:**

  - Представьте, как вы стоите перед бескрайним сапфировым пространством, излучающим сияние божественной славы. Под вашими ногами светящийся, полупрозрачный голубой пол, пульсирующий с частотой Слова.

  - Провозгласите: "Я стою на сапфировом полу, на основании Божьего престола. Я соединяюсь с Его божественным порядком и откровением".

3. **Активируйте Алеф-Тав (תא): Видение через Божественную Линзу**

- **Откровение Алеф-Тав:**

  - Визуализируйте еврейские буквы Алеф (א) и Тав (ת), образующие космическую линзу перед вашими глазами. Эти буквы олицетворяют полноту творения и многомерную природу Слова Божьего.

  - Провозгласите: "Я взаимодействую с Алеф-Тав, началом и концом. Через эту линзу я смотрю за пределы естественного царства в тайны Яхве".

- **Попросите о видении:**

  - "Отец, открой мне то, что Ты хочешь, чтобы я увидел через Твою божественную линзу".

  - Молча ожидайте впечатлений, видений или внутреннего знания. Записывайте любые откровения.

4. **Взаимодействие с Живыми буквами иврита**

- **Познакомьтесь с Буквами:**

  - Представьте, как буквы иврита танцуют перед вами, излучая свет и звук. Каждая буква излучает уникальные частоты, которые образуют строительные блоки творения.

  - "Я настраиваюсь на живые буквы иврита, на частоты творения. Пусть их откровение раскроет тайны моего призвания".

- **Поразмышляйте над конкретными Буквами:**

- Сосредоточьтесь на буквах иврита ריפס (Сапфир):

  - **Самех (о):** Божественная поддержка, окружающий

свет и восхождение.

- Пе (פ): Рот, творческое выражение и дыхание.

- Йод (י): Божья рука и созидательная сила.,,,

- Реш (ר): Власть, лидерство, божественное откровение об изначальном замысле.

- Провозгласите: "Я взаимодействую с רֶיֹפ. Я получаю мудрость, креативность и власть, заложенные в сапфировой сфере".

5. **Получите переживание Сапфирового трона**

- **Расположитесь на троне:**

  - Визуализируйте престол Бога, сделанный из сияющего сапфира, окруженный радугой Его завета. Увидьте себя, сидящим со Христом по правую руку от Него.

  - "Я восседаю вместе с Христом на сапфировом троне. Я взаимодействую с Его властью, мудростью и управлением".

  - Впитайте частоту, исходящую от трона. Почувствуйте, как вы становитесь единым целым с троном.

  - Ощутите духовные сущности, встроенные в трон, и их движения... взаимодействуйте с ними.

- **Взаимодействие с Семью Духами Божьими:**

  - Представьте семь светильников, горящих перед престолом, представляющих семь духов Божьих (Исаия 11:2):

    - Дух Господень

- Мудрость

- Понимание

- Совет

- Мощь

- Знание

- Страх Господень

- Попросите каждого духа высвободить свое откровение в вашу жизнь.

6. **Высвободите частоты Сапфира**

- **Взаимодействие с Творением**:

    - Положите руки на камень, кристалл или землю и провозгласите: "Я высвобождаю частоты сапфирового трона в творение. Пусть течет в эту сферу соответствие божественной воле, порядок и жизнь". Вы можете делать это со многими объектами или аспектами творения.

- **Провозглашайте в ситуации**:

    - Говорите в ситуации, где вы желаете небесного управления и справедливости: "С сапфирового трона я высвобождаю божественный порядок и справедливость в [назовите ситуацию]. Пусть воля Яхве будет исполнена на земле так же, как и на небесах".

7. **Записывайте и размышляйте**

- После встречи:

    - Запишите все видения, впечатления или откровения, которые вы получили во время вашего взаимодействия с духовным миром.

- Запишите практические шаги или решения, которые, по вашему мнению, вам необходимо предпринять как распорядителю того, что открыл Яхве.

8. **Ежедневная активация Сапфирового Царства**

- **Утренняя настройка**:

  - Начинайте каждый день с провозглашения: "Я стою на сапфировом полу. Я настраиваюсь на божественные частоты тронного зала и хожу во власти Христа".

- **Текущее взаимодействие**:

  - Поразмышляйте над Посланием к Колоссянам 3:1-2: "Итак, если вы воскресли со Христом, то ищите горнего, где Христос сидит одесную Бога; о горнем помышляйте, а не о земном".

  - Потратьте несколько минут на визуализацию сапфирового трона и взаимодействие с его частотами. Вам нужно разблокировать свое положение в этой сфере.

- **Партнерство с Небесами**:

- Будьте внимательны к моментам, когда Бог приглашает вас высвобождать небесное управление в земных ситуациях. Говорите и действуйте в соответствии с тем, что вы ощущаете в сапфировом царстве.

Заключительное провозглашение

Встаньте с поднятыми руками и провозгласите:

"Я восхожу в сапфировое царство, основание Божьего престола. Я присоединяюсь к Алеф-Тав, живому Слову и семи духам Божьим. Я принимаю тайны Яхве и хожу во власти Его божественного правления. С сапфирового трона Я высвобождаю небесные частоты на землю, проявляя Его волю и славу".

Здесь приведена та же активация для сапфира, но включающая божественные сферы встречи, о которых говорилось ранее в книге.

Активация сферы Сапфира через четыре сферы Божественной Встречи

Четыре сферы божественной встречи — **Призыв, Божественное Позиционирование, Обращение к Личности и Измерение Поклонения**— идеально сочетаются с использованием измерения сапфира, сферы Трона Яхве. Ниже приведен практический порядок, объединяющий эти сферы с активациями для доступа к тайнам сапфирового трона.

1. Призыв: Восхождение к Сапфировому трону

Контекст Священного Писания:

- *Исход 19:3*: "Моисей взошел к Богу. Господь воззвал к Моисею с горы".

- Призыв — это приглашение в присутствие Яхве, пробуждающее дремлющие духовные частоты.

Шаги активации:

1. **Услышьте Призыв:**

   - Сядьте в тихом месте. Визуализируйте голос Яхве, дважды произносящий ваше имя (например: «Джон, Джон»), как Он это делал для Моисея.

   - Провозгласите: "Яхве, я слышу Твой призыв. Я откликаюсь на Твой призыв взойти в Твое присутствие".

2. **Взойдите духом:**

   - Представьте себя стоящим у подножия сияющей горы, блистающей сапфировым светом.

   - Начните подниматься вверх, шепча с каждым шагом: "Я поднимаюсь в сапфировое царство, где раскрываются тайны Вашего трона".

3. **Задействуйте Сапфировую частоту:**

   - Как только вы достигнете вершины, представьте, что стоите на сапфировом полу. Почувствуйте, как его яркая голубая энергия соединяется с вашим духом.

   - Говорите: "Я настраиваюсь на частоты сапфирового трона, подготавливая свое существо к божественной встрече".

2. Божественное позиционирование: Получение власти на Сапфировом Троне

Контекст Священных Писаний:

- *Псалом 2:7*: "Ты мой сын; Я ныне родил тебя".

- *Евреям 12:22-24*: "Но вы приступили к горе Сиону..."

- Божественное позиционирование устанавливает вашу власть во всех духовных измерениях, предоставляя доступ к управлению с трона Яхве.

Шаги активации:

1. **Визуализируйте Сапфировый Трон:**

- Представьте Яхве сидящим на троне, окруженным сверкающей радугой и пылающими светильниками (Откровение 4:4-6).

- Представьте, что вас пригласили предстать перед Ним.

2. **Примите свою позицию:**

- Услышьте, как Яхве провозглашает над вами: "Ты Мой сын/дочь. Я утверждаю твою власть в небесах".

- Ответьте: "Я получаю свое божественное положение

как сонаследника Христа. Я присоединяюсь к Вашему небесному управлению".

3. Вступите в сферу Трона:

- Представьте себя восседающим со Христом на сапфировом престоле (Колоссянам 3:1-2). Почувствуйте, как Его власть течет через вас.

- Провозгласите: "Я правлю с сапфирового трона, руководствуясь Вашей справедливостью и милосердием".

3. Активизация Божественной личности: становление Элохимом

Контекст Священного Писания:

- Псалом 82:6: "Я сказал: "Вы — боги [Элохимы], и сыны Всевышнего — все вы".

- Исход 7:1: "Смотри, Я поставил тебя Богом [Элохимом] фараону".

- Это царство пробуждает вашу идентичность как отражение образа Яхве, сына Божьего, действующего с божественной властью.

Шаги активации:

1. Взаимодействие с буквами Сапфира:

- Визуализируйте буквы иврита ספיר (Сапфир), танцующие вокруг вас, образуя божественную дугу света.

- Провозгласите: "Я — живой камень, сосуд ספיר. Я соединяюсь с мудростью, созидательностью и авторитетом Яхве".

2. Пробудите Природу Элохимов:

- Поразмышляйте над Иоанна 10:34-36, где Иисус подтверждает божественную сущность Божьих сынов.

- Скажите: "Я принимаю свою личность Элохима, созданного по Твоему образу и подобию. Я отражаю Твою власть, могущество и славу".

3. Вступление в сотворчество:

- Представьте, что вы высвобождаете частоты сапфирового трона в земные ситуации. Провозглашайте жизнь, порядок и справедливость в свое окружение.

- Пример: "Из сапфирового царства я высвобождаю божественную справедливость в [назовите ситуацию]. Пусть небесный порядок проявится на земле".

4. Измерение поклонения: становление поклонением

Контекст Священных Писаний:

- *Откровение 4:8-11*: "День и ночь они не перестают повторять: "Свят, свят, свят Господь Бог Всемогущий".

- Поклонение настраивает каждую частичку вашего существа на божественную частоту образа Яхве, оживляя вас как сосуд поклонения.

Шаги активации:

1. Падите ниц Перед Яхве:

- Встаньте на колени или лягте, представляя под собой сапфировый пол. Почувствуйте вибрации поклонения, исходящие от престола.

- Прошепчите: "Свят, свят, свят Господь Бог Всемогущий. Я настраиваю свой дух, душу и тело на частоты небес".

2. Общайтесь с Живыми существами:

- Представьте себе четырех существ вокруг трона, их голоса гармонируют с голосами небесного воинства.

- Присоединяйтесь к их поклонению, воспевая или произнося слова своего обожания: "Ты достоин, о Господь, принять славу, честь и власть".

3. **Станьте воплощением поклонения:**

- Представьте, что ваше существо сливается с сапфировым светом, излучающим звук и присутствие Яхве.

- Провозгласите: "Я — воплощение поклонения. Все мое существо резонирует с частотами сапфирового трона".

Объединение Четырех Миров

1. **Призыв**: Откликнитесь на призыв Яхве, взойдя на сапфировый трон.

2. **Позиционирование**: Примите свою роль сонаследника, восседающего со Христом на небесах.

3. **Активизация**: Активируйте свою божественную сущность как Элохима, отражающего образ Яхве.

4. **Поклонение**: Настройте все свое существо на частоты трона, став сосудом поклонения.

Практика активации для взаимодействия с измерениями Славы

Данная активация — это пошаговое руководство, предназначенное, чтобы ввести вас в четыре измерения Кавода (כָּבוֹד) Яхве — великолепие, честь, богатство и власть, описанные в этом отрывке. Каждый шаг включает в себя конкретные действия, визуализации и провозглашения, которые сделают ваше взаимодействие практичным и преобразующим.

1. **Позиционирование**

2. **Взаимодействие с Облаком Славы**

   1. **Визуализируйте облако:**

      - Представьте, что вас окружает **плотное сияющее облако**, насыщенное божественным присутствием. Представьте, как оно пульсирует светом, меняющимся оттенками золотого, сапфирового и белого.

      - Почувствуйте, как облако окутывает вас, прижимаясь к вашей коже. Признайте Алеф-Тав (את):

      - Внутри облака представьте Алеф (א) и Тав (ת) в виде светящихся символов, плавающих перед вами. Они олицетворяют начало и конец, полноту присутствия Яхве.

      - Представьте, что эти буквы входят в ваше сердце и сливаются с вашим духом.

   2. **Провозглашение:**

   "Я вхожу в облако Твоего кавода. Иисус, через Алеф и Тав, Ты — полнота моего начала и конца. Открой мне сферы Своей славы".

   3. **Двигайтесь сквозь измерения Славы**

   Каждое измерение представляет собой последующий

слой в облаке. Найдите время, чтобы глубоко погрузиться в каждое из них.

Измерение 1: Великолепие Яхве

1. Активируйте Освещающее зеркало:

- Представьте огромное сияющее зеркало внутри облака. В нем отражаются неописуемая красота и слава Яхве, сияющие прямо в вашем сердце.

- Встаньте перед зеркалом и увидьте себя преображенным, сияющим светом Яхве.

2. Размышляйте о Его Великолепии:

- Псалом 144:5: "Они говорят о великолепии Твоего величия".

- Позвольте своему духу впитать этот свет, очищая ваши мысли и эмоции.

"Я созерцаю Твое великолепие, Яхве. Твой свет преображает меня в Твой образ, излучая Твою красоту в творение".

Измерение 2: Почтение Его Славы

1. Вступите под вес Почтения:

- Почувствуйте, как **плащ почтения** опускается на ваши плечи. Он тяжелый, но дарует утешение, олицетворяя почитание и сущность Яхве.

- Представьте, как этот плащ заземляет вас в вечных истинах Яхве — "глубине начала и конца".

- Внутри почтения находится царство прощения: подключитесь к нему, если чувствуете, что это необходимо.

"Я облачен в почтение Твоего кавода. Твоя вечная природа окружает и укрепляет меня, укореняя меня в Твоей сущности".

Измерение 3: Богатство Его Присутствия

1. **Войдите в Сокровищницу Небес:**

- Визуализируйте **хранилище изобилия** внутри облака, наполненное сокровищами как духовного, так и материального значения — светом, мудростью, обеспечением, исцелением и покоем.

- Протяните руку с верой и возьмите из этой сокровищницы то, что вам нужно на данный момент. Увидьте, как оно течет в ваши руки в виде золотого света или осязаемых благословений.

- Признайте ангела буквы Гиммэль (ג) и взаимодействуйте с ним.

2. **Получите доступ к Божественной Экономике:**

- Признайте, что каждое благословение исходит из присутствия Яхве и проявляется в вашей реальности.

- Поразмышляйте о той сфере вашей жизни, где вам нужно божественное изобилие — будь то мудрость, финансы, отношения или духовный рост.

- Посмотрите, как ангел изобилия высвобождается из бесконечной реки обеспечения.

- Представьте, что эти сферы наполняются и переполняются.

3. **Практический шаг:**

- Озвучьте конкретную потребность в атмосферу и визуализируйте, как Яхве удовлетворяет ее.

4. **Провозглашение:** "Я получаю от богатства Твоего кавода. Твое изобилие свободно вливается в мою жизнь, приводя каждую сферу в соответствие с Твоим божественным обеспечением".

Измерение 4: Демонстрация Его Силы

1. **Почувствуй силу Его протянутой Руки:**

- Внутри облака узрите руку Яхве, простертую к вам. Когда вы протянете руку, чтобы коснуться ее, почувствуйте, как через вас течет волна силы — вливание Его власти.

  - Представьте, что это осязаемая сила: она преодолевает препятствия и творит чудеса.

2. **Активируйте знамения и чудеса:**

- Провозгласите власть Яхве над определенной областью вашей жизни, где вы нуждаетесь в Его вмешательстве — исцелении, прорыве или восстановлении.

- Задействуйте свое воображение во всех сферах, будучи свидетелями вмешательства Иисуса.

3. **Практический шаг:**

- Положите руки на сердце и в молитве высвободите силу Яхве в эти сферы.

4. **Провозглашение:** "Я несу в себе силу Твоего кавода. Через Твою простертую руку текут чудеса и знамения, проявляющие Твою власть на земле".

4. Завершите встречу

1. **Возвращение из облака:**

- Постепенно визуализируйте, как облако поднимается, оставляя после себя сияющий свет в вашем сердце.

- Почувствуйте себя укорененным в естественном мире, но преображенным встречей с Яхве.

2. **Поблагодарите:**

- Уделите время тому, чтобы поблагодарить Яхве за то, что Он открыл вам Свой кавод.

3. **Практический шаг:**

- Запишите ключевые откровения или инсайты, которые вы получили во время прохождения каждого измерения.

4. **Провозглашение:** "Яхве, я благодарю Тебя за путешествие в Твой кавод. Я несу великолепие, почтение, богатство и силу Твоей славы в каждую сферу своей жизни".

Тайна 40 дней и מ: Руководство по практике медитации

Эта медитативная практика основана на мистическом символизме 40-дневного преображения Моисея на горе Синай, включая духовные принципы вод (מ/mem) для облегчения личной трансформации и возвышения сознания. Практика построена как 40-дневное путешествие с ежедневными сеансами медитации, разделенными на практики "верхних вод" (дневные) и "нижних вод" (вечерние).

Утренняя практика (Верхние воды — מ)

1. **Позиционирование**

2. **Визуализация восхождения (15 минут)**

- Представьте столб света, простирающийся от вашей макушки до бесконечности.

- С каждым вдохом мысленно произносите „אֶהְיֶה" (эхье — Я ЕСМЬ).

- Почувствуйте, как вы поднимаетесь по слоям сознания.

3. **Медитация в Верхних водах (20 минут)**

- Сосредоточьтесь на получении божественной мудрости

- Визуализируйте открытое "מ" как врата к высшему состоянию сознания.

- Позвольте озарениям стекать вниз подобно небесным водам, волнам: поймайте одну волну и посмотрите, куда она вас приведет.

4. **Интеграция (5 минут)**

- Запишите все полученные откровения.

- Нацельтесь применять это на практике в своем ближайшем окружении.

Вечерняя практика (Нижние воды — ם)

1. Позиционирование

2. Матричная медитация (15 минут)

- Сосредоточьтесь на закрытом ם как на чреве творения.

- Почувствуйте себя сосудом для божественного проявления.

- Позвольте верхним и нижним водам слиться внутри, представьте это и позвольте своему воображению расширить этот опыт.

3. Практика проявления (10 минут)

- Перенесите внимание на физическую реальность, сосредоточьтесь на том, что вы получили с помощью открытого "מ" и поместите это в закрытое "ם".

- Представьте, как трансформируются духовные озарения, и представьте их в своей повседневной жизни.

- Почувствуйте единение неба и земли.

Активация Врат восхождения через четыре сферы Встречи

Эта практика восхождения сосредоточена на задействовании и активации внутренних духовных врат для путешествия по четырем сферам божественных Встреч: **Призыва, Божественного Позиционирования, Активизации Божественной Идентичности и Измерения Поклонения.** Эти сферы, уходящие корнями в библейское откровение, являются путями к разблокировке восхождения и переживанию более глубокого единения с Яхве.

Позиционирование

Медитативное путешествие по четырем сферам

1. **Призыв: Отклик на призыв**

- **Основное место Писания:** *"Господь воззвал к Моисею с горы".* (Исход 19:3)

- **Медитация:**

  - Представьте, как вы стоите у подножия огромной, сияющей горы, вершина которой скрыта в облаках. С вершины вы слышите, как Яхве зовет вас по имени.

  - Позвольте звуку Его голоса резонировать в вас, пробуждая дремлющие части вашего существа.

  - Вдохните: "Господь, я слышу Твой зов и откликаюсь. Я настраиваюсь на Твой голос, чтобы вознестись в Твое присутствие".

- **Взаимодействие:** Почувствуйте, как поднимается ваш дух, когда вы восходите на гору, оставляя позади все отвлекающие факторы и заботы.

2. **Божественное Позиционирование: войдите в свою власть**

- **Основное место Писания:** *"Ты сын мой; Я ныне родил тебя".* (Псалом 2:7)

- **Медитация:**

  - На вершине горы вы стоите перед троном Яхве. Вокруг вас множество ангелов и свидетелей. Яхве говорит над вами, провозглашая: "Ты Мой возлюбленный сын/дочь. Я посадил тебя на небесах со Христом".

  - Представьте себя облаченным в свет и увенчанным Его славой. Почувствуйте вес власти и сыновства, возложенных на вас.

  - Про себя или вслух провозгласите: "Я принимаю свое божественное позиционирование как сына/дочери Яхве. Я вступаю во власть своей возвышенной небесной реальности".

- **Взаимодействие:** Позвольте этой истине укрепиться в вашем духе. Представьте себя посаженным со Христом, превыше всех земных ограничений.

3. **Активизация Божественной личности: Воплощение Элохима**

- **Основное место Писания:** *"Я сделал тебя Богом [Элохимом] фараону".* (Исход 7:1)

- **Медитация:**

  - Представьте перед собой врата света, представляющие Петах (врата откровения). Когда вы перешагиваете через их порог, Яхве накладывает печать божественной идентичности на ваш лоб кровью Иисуса.

  - Из этого портала вытекают потоки живой воды, соединяющие небо и землю. Вы начинаете осознавать свою роль моста между мирами — как лестницы Иакова, по которой восходят и нисходят ангелы.

- Про себя или вслух подтвердите: "Я осознаю свою идентичность как отражение Элохима. Я открываю врата восхождения внутри себя и соединяюсь с божественной природой Христа".

- **Взаимодействие:** Почувствуйте, как расширяется ваш дух по мере раскрытия тайн вашей божественной наследственности. Позвольте этому осознанию наполнить каждую частичку вашего существа — мы чувствительны к передаче качеств и способностей.

4. Измерение поклонения: Воплощение Поклонения

- **Основное место Писания:** *"Сошел облачный столп ... и народ поклонился".* (Исход 33:10).

- **Медитация:**

  - Представьте, как перед вами открывается Далет (дверь смирения). Когда вы проходите через нее, опускается облачный столб, окружающий вас благоговейным присутствием Яхве.

  - В этом священном пространстве вы больше не просто поклоняетесь — вы становитесь самим воплощением поклонения. Каждая часть вашего существа вибрирует с Его частотой. Представьте свое переплетение с этой вибрацией и частотой.

  - Про себя или вслух провозгласите: "Я настраиваю свой дух на звук присутствия Яхве. Я перехожу от поклонения к становлению воплощением поклонения. Я и есть поклонение".

- **Взаимодействие:** Пребудьте в покое в этом резонансе. Позвольте ему преобразить вас, приводя каждое измерение вашего существования в соответствие с Его божественной частотой.

Интеграция Восхождения: Открываем врата

1. Петах (Врата Откровения):

- Представьте живой портал света, который еще глубже погружает вас в божественные тайны.

- Провозгласите: "Я прохожу через Петах, открывая врата откровения для восхождения в новые измерения понимания".

2. Далет (Дверь Смирения):

- Увидьте перед собой скромную дверь, приглашающую сдаться и стать ближе.

- Провозгласите: "Я открываю Далет, входя в место тишины и общения с Яхве".

3. Суллам (Лестница восхождения):

- Представьте лестницу Иакова, поднимающуюся внутри вас, соединяющую небо и землю.

- Провозгласите: "Я восхожу по Сулламу, поднимаясь через царства шалома в вечном покое Иисуса и через него".

Запечатывание активации

- **Благодарность:** Найдите минутку, чтобы поблагодарить Яхве за встречу и активацию врат восхождения.

- **Провозглашение:** Скажите: "Я завершаю это путешествие во имя Йешуа. Я выбираю жить в восхожденном состоянии, неся откровение о вратах восхождения в свою повседневную жизнь".

Размышления после медитации

После завершения практики записывайте любые видения, впечатления или откровения. Отмечайте любые сдвиги в своем осознании или духовном восприятии. Регулярно возвращаясь к этой практике, ожидайте более глубоких встреч и большей ясности в вашей восхожденной реальности.

Шалом и благословения вам, продолжающим свое путешествие через врата восхождения!

Активация для восхождения и перехода через сферы

Позиционирование

Шаг 1: Заземление и открытость Присутствию

1. **Призыв**: Произнесите вслух: "Яхве, Вечный, Я приглашаю Твое Присутствие в этот момент. Как Моисей искал Твоей славы и нашел Твою благость, так и я открываю свое сердце, чтобы пережить полноту Твоего божественного света. Я — сосуд Твоей красоты, чистоты и преображения".

2. **Укоренитесь в Творении**: представьте корни, уходящие от подошв ваших ног в землю, глубоко заземляя вас. Одновременно представьте золотой свет, нисходящий сверху и соединяющийся с макушкой вашей головы. Позвольте ему наполнить ваше тело, сливая небо и землю внутри вас.

3. **Выравнивание дыхания**: С каждым вдохом представляйте, как вы втягиваете божественный свет в свое сердце, а с каждым выдохом представляйте, как устраняются барьеры, отделяющие вас от полноты Его божественного присутствия.

Шаг 2: Тайна благости

1. **Размышление о благости (טוב/тав)**: *Поразмышляйте над словом "тав"*, как о божественной благости Яхве. Представьте эту благость как сияющий золотой свет, струящийся перед вами.

2. **Визуализируйте Свет Благости: представьте,** что благость Яхве движется подобно потоку жидкого золота, проходящему через ваше сердце. Позвольте ему очистить, исцелить и осветить каждый уголок вашего

существа.

3. **Встреча лицом к лицу (הַנֵּפ / панех):** представьте, что вы стоите лицом к лицу с Яхве. Увидьте Его доброту как отражение в вашем внутреннем существе.

    "Открой Свой лик во мне, ибо Ты обитаешь во мне как моя надежда славы".

Шаг 3: Переход (עבר /абар)

1. **Путь пересечения:** Представьте мост света, простирающийся между мирами — земным и небесным, конечным и бесконечным. Ступите на мост, чувствуя, как каждый шаг облегчает ваш дух. Увидьте буквы иврита, бегущие по мосту, зажигая частоты передачи.

2. **Провозглашение: Идя по мосту, провозглашайте:** "Я перехожу в царства Твоей славы, ведомый Твоей благостью и пребывающим во мне Христом. Провозгласи Свое имя во мне".

3. **Почувствуйте сдвиг:** Пересекая границу, представляйте сферы божественного, тайны, открывающиеся внутри вас — слои вашей духовной ДНК, пробуждающиеся к вечной истине вашей идентичности как со-творца со Христом.

Шаг 4: Интеграция и активация

1. Примите Имя (יהוה Яхве): Услышьте, как божественное имя провозглашается внутри вас. Начните повторять: י, ה, ו, ה (йод, хей, вав, хей).

    Воспринимайте каждую букву как сферу восхождения, поднимающуюся по спирали вверх.

2. **"Яхве**, начертай Свое имя в моем сердце. Пусть это вызовет Твой свет, Твое присутствие и Твою цель во мне".

3. **Провозгласите свое преображение:** "Я — живые врата божественной доброты. Когда небеса вливаются в меня, я высвобождаю их в мир. Я преображаюсь, чтобы преображаться, восходя, чтобы объединить небо и землю".

Шаг 5: Совместное творчество

1. **Поразмышляйте о Христе в Вас (Колоссянам 1:27):**

Представьте, что свет Иисуса светит изнутри вас наружу, наполняя комнату, мир и космос.

"Христос во мне — надежда славы. Его свет — моя полнота, и через Него Я един с Отцом".

2. **Благословляйте Землю:** Вытяните руки и представьте, как божественный свет изливается через вас на землю. Начинайте благословлять и призывать.

"Так же как Твоя доброта перешла ко мне, позволь ей перейти и сейчас через меня, чтобы благословить мир. Пусть свет Твоей славы озарит каждое сердце и каждую сферу".

Давайте совершим восхождение в царство "Я ЕСТЬ ТОТ, КТО Я ЕСТЬ" и откроем это священное пространство.

Успокойтесь, потому что вы уже находитесь в восхожденном состоянии. Вы и есть гора, но вы также воспринимаете свою гору отдельно. Узрите тьму творения, окутывающую гору — "тьма витала над поверхностью бездны". Это и есть тайна. Найдите минутку, чтобы впитать эту тьму, ее частоту. Обращайте внимание на то, что вы воспринимаете, на то, что вы слышите.

Шагните в эту тьму. Помните — Яхве позвал изнутри, и Моисей вошел: оба слова на иврите имеют один и тот же корень. Вы вступаете в Его основную сущность. Когда вы продвигаетесь во тьму на горе, прислушайтесь к голосу Яхве. Каков его звук? Его вид? Царство Яхве сошло лицом к лицу, уста в уста.

Представьте себе лицо Яхве. Как Он открывает его вам? Станьте свидетелем того, как ваше лицо сливается с лицом Яхве. Ощутите Его дыхание, Его частоту. Почувствуйте, как ваше лицо растворяется в Его лице, переходя через общение лицом к лицу. Яхве поднимает перед вами зеркало — посмотрите на свое лицо. Впитайте переплетение с Его лицом. Сосредоточьтесь на ощущениях на своем лице. Можете ли вы ощутить трепетание частоты внутри? Ощущение Его лица на вашем лице, Его рта на вашем рте, Его дыхания в вашем дыхании?

Теперь Яхве раскрывает усиленную сферу Своего присутствия — сферу "הָיָה, Я ЕСМЬ ТОТ, КТО Я ЕСТЬ" — место становления. Представьте это как горящий куст и шагните в этот духовный огонь: не земное пламя, а божественное — лазурное, малиновое, золотое. Ощутите духовный толчок, когда войдете. В этом царстве "Я ЕСТЬ ТОТ, КТО я ЕСТЬ" ощутите преобразующий огонь, божественную печь, которая плавит вас для вашей трансформации.

Оставайтесь в этом моменте преображения. Позвольте огненному присутствию Яхве поглотить и полностью преобразовать вас. Какие эмоции вы испытываете прямо сейчас? Какой сдвиг в своем восприятии вы испытываете? Какие сущности помогают в этом процессе? Каким образом Йешуа вовлечен в эту сферу становления?

Слушайте, как говорит Яхве. Обратите внимание на разницу между Его голосом снаружи и внутри этой сферы становления. Обратите внимание на свое тело, на свое духовное "я". Посмотрите на этот голос, звук "Я ТОТ, КТО я ЕСТЬ", текущий по вашим венам, по вашей ДНК, ускоряя трансформацию.

Взгляните на стоящие вокруг вас троны, на которых восседают другие божественные существа, окружающие вас, готовые отдавать приказы. Они подчиняются вашему заданию. Наблюдайте за ангелами в движении вокруг вас — ангельскими сферами, активированными из этой сферы становления.

Спускайтесь с горы. Ощутите настоящую суть "Я ЕСТЬ ТОТ, КТО Я ЕСТЬ" внутри и вокруг вас. Ощутите тьму и тайну, окружающие вас. Осознайте ангелов, связанных с вами, и престолы, стоящие поблизости. Ощутите, как внутри вас растет чувство власти и значимости — истинное и глубокое почтение к Господу. Смирение. Обратите внимание, как дух мудрости переплетается с вашей горой.

Представьте себя идущим по улице. Понаблюдайте за реакцией окружающей среды — деревьев, растений, дикой природы, птиц: все реагирует на пробуждение внутри вас. Вы находитесь в центре внимания творения.

Теперь откройте глаза. Смотрите на себя таким каждый день. Чем больше вы опираетесь на это, тем больше вы таким становитесь. Чем больше вы верите в это, тем больше творение это признает.

Примите расширение своего духа по мере того, как он исследует глубины памяти и откровения в царстве воспоминаний.

ОБ АВТОРЕ

Шарль — мистик, ориентированный на Христа, посвятивший себя тому, чтобы направлять других в более глубокие измерения сыновства и жизни в новом творении, имеющий более чем 20-летний опыт служения и степень бакалавра богословия. Вместе со своей женой Бьянкой он является лидером-первопроходцем сообщества "Wells of MEM" (Колодцы MEM), динамичной экклезиастической общины мистиков, базирующейся в Мидранде, Йоханнесбург, Южная Африка. Это сообщество посвящено соединению древних путей с мистическими, духовными практиками, способствующими подлинной трансформации и росту. Как основатель "Академии мистиков Тронного зала", Шарль пишет и преподает курсы, которые помогают верующим принять свою совместную творческую идентичность и положение во Христе. Его страсть к ивриту и мистическим глубинам веры лежит в основе его работы в качестве пастора, подкастера и тренера по восхождению. Через свои писательские труды, преподавание и лидерство он продолжает создавать пространства для духовного исследования и роста, помогая людям раскрывать глубокие тайны сотворчества во Христе.

info@throneroommystic.com
www.throneroommystic.com

FaceBook: @throneroommystic
             @Centre stage Christian Church
             @WellsofMem
             @Scharl van Staden

YouTube: @Throneroommystic
             @TheWellsofMem

Заметки

Заметки

Seraph Creative - это коллектив художников, писателей, теологов и иллюстраторов, которые желают видеть, как тело Христово достигает полной зрелости, следуя своему наследию как Сыны Божьи на Земле.

Подпишитесь на нашу новостную рассылку, чтобы узнавать о будущих интересных релизах.

Посетите наш веб-сайт: www.seraphcreative.org